# EDUCACIÓN FISICA Y DISCAPACIDADES

ISBN: 978-1-4092-0364-3

## I. AUTISMO



## II. DEFICIENCIASVISUALES

**III. PARALISIS CEREBRAL**

I. AUTISMO

## 1. INTRODUCCIÓN.

El autismo es todavía hoy en día, un trastorno desconocido. Es una enfermedad extraña para la sociedad en la que vivimos, que desconoce cuáles son las necesidades y características que presentan los niños y niñas con autismo y para la comunidad científica una enfermedad todavía llena de incógnitas en cuanto a las causas y el origen de la misma.

Aunque el autismo, es un trastorno relativamente infrecuente, las alteraciones de lo que se ha llamado "el espectro autista" son mucho más frecuentes y se encuentran en dos a tres de cada mil personas. Esas alteraciones en general, y el autismo en particular, plantean desafíos importantes de comprensión, explicación y educación. De comprensión porque resulta difícil entender cómo es el mundo interno de personas con problemas importantes de relación y comunicación. De explicación porque aún desconocemos aspectos esenciales de la génesis biológica y los procesos psicológicos de las personas con autismo y trastornos profundos del desarrollo. De educación porque esas personas tienen limitadas las capacidades de empatía, relación intersubjetiva y penetración mental en el mundo interno de los semejantes, que permiten al niño normal aprender mediante delicados mecanismos de imitación, identificación, intercambio simbólico y experiencia vicaria. En este trabajo, nos proponemos desarrollar un programa de atención temprana para un alumno con autismo, con el objetivo de acercarnos más a los niños y niñas con autismo y a la problemática que encierra dicha enfermedad.

El análisis del autismo abre perspectivas muy útiles y valiosas para la comprensión del propio desarrollo normal. La capacidad de integrar a las personas que presentan mayores limitaciones en la interacción social y la de respetar su forma especial de desarrollo, sin renunciar por ello a darles instrumentos de comunicación y comprensión del mundo, facilitando así su integración en la sociedad a la que pertenecen.

## 2. HISTORIA

Es probable que siempre existieran los niños autistas, aunque solamente durante los últimos 50 años se les haya dado un nombre agrupándolos y considerándolos por separado de otros con graves deficiencias mentales.

En 1919, un psicólogo norteamericano, Lightner Witmer, escribió un artículo sobre Don, un niño de 2 años y 7 meses, que se comportaba como un niño autista y que fue aceptado en la escuela especial de Witmer. La enseñanza individual durante un período prolongado ayudó al niño a compensar sus desventajas.

Al abordar el tema del autismo es siempre necesario, hacer mención de los pioneros Kanner y Hans Asperger que con independencia entre ellos, fueron los primeros en publicar descripciones de este trastorno. La publicación de Kanner se realizó se realizó en 1913; mientras que la de Asperger en 1944. Las dos contenían detalladas descripciones de casos y presentaban los primeros esfuerzos teóricos por explicar la alteración, Tanto Kanner como Aspeger pensaban que, desde el nacimiento, se producía un trastorno fundamental que daría lugar a problemas muy característicos.

Parece ser una rara coincidencia que los dos eligieran la misma palabra "autista", para caracterizar la naturaleza de los trastornos subyacentes. En realidad, no se trataba de una coincidencia, puesto que ese término ya había sido introducido por un psiquiatra. Eugen Bleuder, en 1911. Lo refirió, originalmente, a un trastorno básico de la esquizofrenia, que consiste en la limitación de las relaciones con las personas y con el mundo externo, una limitación tan extrema que parece excluir todo lo que no sea propio "yo de la persona", esta limitación puede describirse como una retirada por parte del individuo, para sumergirse en sí mismo y apartase del mundo social. De ahí las palabras autista y autismo, que provienen del termino griego autos, que significa si mismo.

La definición de autismo de Asperger o, como él llamaba, de la psicopatía autista, es mucho más amplia que la de Kanner. Asperger incluía casos que mostraban serias lesiones orgánicas junto con otros que bordeaban la normalidad. En todo caso, el término "síndrome de Asperger" tiende a reservarse a los pocos autistas casi normales, que poseen buena capacidad intelectual y buen desarrollo del lenguaje. "El síndrome de Kanner" suele emplearse, actualmente, para referirse a los niños que presentan la constelación de rasgos nucleares, clásicos, que se asemejan asombrosamente a las características que Kanner identificó en su primera descripción.

En la última década, en muchos países han aumentado las sociedades de padres que trabajan para obtener diagnósticos más precoces, mejores servicios y especialmente más y mejores oportunidades de educación especial para estos niños.

## 3. DEFINICIÓN DEL AUTISMO.

El término "Autismo", fue tomado por Kanner del término planteado por Bleuler originalmente, siendo este último en 1911 quien lo utiliza para referirse a los pacientes con esquizofrenia que tendían a retirarse del mundo social para sumergirse en sí mismos a las fantasías de sus pensamientos (Frith, 1999). Kanner toma el término para referirse a la incapacidad para establecer relaciones sociales, diferenciándose del concepto de Bleuler por que consideraba que las personas con autismo tenían una deficiente imaginación (Rivière, 1997).

El autismo es un trastorno complejo del desarrollo que aparece en los primeros 3 años de la vida, aunque algunas veces el diagnóstico se hace mucho después. Éste afecta el desarrollo normal del cerebro en las habilidades sociales y de comunicación. El autismo es un espectro que incluye una amplia gama de comportamientos. Sus características principales son deterioro en las relaciones sociales, en la comunicación verbal y no verbal, y patrones de comportamiento restringidos y repetitivos.

## 4. CARACTERÍSTICAS SEGÚN KANNER.

- **Extrema soledad autista**. Los niños no se relacionan normalmente con las personas, especialmente con otros niños y parecen felices cuando se les deja solos.
- **Deseo obsesivo de invarianza ambiental**. Los niños se molestan enormemente con los cambios en sus rutinas o con los objetos que les rodean y muestran una especial insistencia en mantener preservado lo más idéntico el ambiente.
- **Memoria excelente**: demuestran una capacidad sorprendente para memorizar grandes cantidades de material sin sentido a efectos prácticos. Esta buena capacidad no se corresponde con las dificultades de aprendizaje que presentan en otras áreas o incluso con el retraso observado en otros aspectos.
- **Expresión inteligente y ausencia de rasgos físicos.**
- **Hipersensibilidad a los estímulos**. Reaccionan intensamente a ciertos ruidos o a algunos objetos.
- **Mutismo o lenguaje sin intención comunicativa real**. Se incluyen los niños sin habla y los que usan ecolalia. Los niños respeten fragmentos lingüísticos que han oído pero son capaces de utilizar el lenguaje para dar a entender algo más que sus necesidades inmediatas.
- **Limitaciones en la variedad de la actividad espontánea**. Las actividades se caracterizan por la realización de conductas de giros o la realización rígida de un conjunto de rutinas paro no el uso social de los objetos.

## 5. TIPOS DE AUTISMO.

El autismo se asocia en un 75% con la deficiencia mental, y en el 50% ésta es severa. Solamente del 1 al 5% sus cocientes intelectuales son normales.

Existen diferentes tipos de autismo, entre los que distinguimos:

- *Síndrome Kanner (Desorden de Autismo Infantil).*

Presenta múltiples comportamientos no verbales que regulan la interacción social, fracasa en el desarrollo de relaciones con pares, tiene carencia de espontaneidad para disfrutar intereses y carencia de reciprocidad social y emocional. Presenta rasgos en la infancia, pero siempre antes de los 3 años.

- *Desorden de Rett´s.*

Este se manifiesta en niñas. Al parecer, comienza a desarrollarse bien, pero les comienza a afectar un deterioro neurológico. Exteriorizan un manerismo conocido como handwashing movement, que aun no tiene explicación. Sufren de retardación sicomotora. Se presenta aproximadamente a partir de los 5 años o un poco antes.

- *Síndrome Heller´s o Desorden Desintegrativo de Niños.*

Es más común en niños que en niñas. Este es el que se manifiesta a una edad más tardía, pero siempre antes de los diez años. Ellos presentan un deterioro en las destrezas comunicativas, déficit en la interacción social, movimientos estereotipados y conductas compulsivas.

- *Desorden del desarrollo, incluyendo el Autismo Atípico.*

Se presenta durante la infancia, pero siempre antes de los tres años. Aquí se clasifican todos los casos en los que no se pueden aplicar los criterios para el desorden de autismo.

- *Desorden de Asperger.*

En éste se presentan problemas de desarrollo social y de lenguaje, pero el paciente puede hablar y aprender. Es identificando un poco más tarde que el desorden autista; o sea, posterior a los tres años. Sin embargo, tendrá problemas en seguir reglas de convivencia. Su aprendizaje puede ser normal o superior en algunas áreas, pero estos son los niños que se catalogan en el diagnóstico como raros.

## 6. DIAGNÓSTICO DEL AUTISMO.

El diagnóstico de trastorno autista se hace cuando el individuo exhibe 6 o más de 12 síntomas catalogados a través de tres áreas principales: intercambio social, comunicación, y conducta. Cuando los niños exhiben conductas similares pero no cumplen con los criterios del trastorno autista, pueden recibir el diagnóstico de trastorno generalizado del desarrollo no especificado (PDD-NOS). Aunque al diagnóstico de PDD-NOS, se le conoce comúnmente en inglés como el trastorno de PDD.

Hoy en día se diagnostica que un niño o niña presentan autismo cuando tienen lugar tres tipos de conductas claves:

- El desarrollo social del niño o niña son anormales: Los niños con autismo presentan una clara falta de consciencia de la existencia de sentimientos de los demás, no buscan apoyo en las personas que están a su lado cuando sienten malestar, carecen de la capacidad de imitar, no realizan ningún tipo de juego social utilizan como "apoyo mecánico" a los demás niños y niñas con quienes juega y tienen escasa o nula capacidad de establecer amistad con sus iguales.
- No logran desarrollar una comunicación verbal y no verbal anormal: Presentan una elevada carencia en los diferentes modos de comunicación tales como el lenguaje no oral como por ejemplo el gesto, la mímica o el lenguaje hablado.
  - Claras anomalías en el volumen, el tono, el énfasis, el ritmo y la entonación, al igual que en la forma y contenido del habla.
  - Disfunciones en la capacidad de iniciar o mantener una conversación con otras personas pese a contar con un habla adecuada.
- Los intereses y actividades son claramente limitados y repetitivos:
  - Ausencia de actividad imaginativa, tal como representar los papeles sociales de los adultos, personajes fantásticos o animales, carecen de interés por las narraciones sobre sucesos imaginarios.

- ➢ Movimientos corporales estereotipados.
- ➢ Preocupación insistente por las partes de los objetos o un apego especial hacia los objetos inusuales.
- ➢ Malestar acusado cuando se producen cambios en aspectos triviales del entorno.
- ➢ Una gama de intereses marcadamente limitada y una especial preocupación por algún interés muy específico.

Los otros trastornos generalizados del desarrollo son, entre otros:

- **El trastorno autista o síndrome de Kanner**
- **Síndrome de Asperger:** Igual que el autismo, pero con desarrollo normal del lenguaje.
- **Síndrome de Rett:** Muy diferente del autismo, ser acompaña siempre de un nivel severo o profundo de retraso mental y sólo se presenta en las mujeres.
- **El trastorno desintegrativo de la niñez:** Una afección rara por la que el niño adquiere habilidades y luego las pierde a la edad de 10 años.
- **Trastorno generalizado del desarrollo no especificado (PDD-NOS),** también llamado autismo atípico.

En el libro "El Curioso Incidente Del Perro a Medianoche" de Mark Haddon, se refleja el mundo interior de Christopher John Francis Boone, que según la clasificación anterior se trataría de un caso con Síndrome de Asperger, ya que su nivel intelectual y lingüístico es alto aunque después presente rasgos típicos del autismo como son: La gente le provoca confusión ya que no entiende su lenguaje gestual, ni las metáforas o los chistes. Tiene problemas de conducta como por ejemplo, gritar o destrozar cosas cuando está enfadado o confundido, no le gusta que le toquen... Necesidad de tener rutinas a través de un horario muy estructurado. Sensibilidad exagerada al ruído y saturación por la exposición a una información excesiva. Capacidad para el cálculo y la memoria literal. Interés obsesivo por algo como por ejemplo: descubrir el responsable de la muerte del perro de los Baskerville "Wellington".

El DSM-IV de la Asociación Americana de Psiquiatría establece una serie de criterios que diferencian entre el trastorno autista y el síndrome de Asperger. El primero se asocia en un 75 por ciento de los caso con retraso mental, y el segundo, se diferencia principalmente porque no implica limitaciones o alteraciones formales del lenguaje y se acompaña de cocientes intelectuales en la gama normal.

Los Criterios de diagnóstico DSM-IV son los siguientes:

**A.** Para darse un diagnóstico de autismo deben cumplirse seis o más manifestaciones de del conjunto de trastornos (1) de la relación, (2) de la comunicación y (3) de la flexibilidad. Cumpliéndose corno mínimo dos elementos de (1), uno de (2) y uno de (3).

1. Trastorno cualitativo de la relación, expresado como mínimo en dos de las siguientes manifestaciones:
    a. Trastorno importante en muchas conductas de relación no verbal, como la mirada a los ojos, la expresión facial, las posturas corporales y los gestos para regular la interacción social.
    b. Incapacidad para desarrollar relaciones con iguales adecuadas al nivel evolutivo.
    c. Ausencia de conductas espontáneas encaminadas a compartir placeres, intereses o logros con otras personas (por ejemplo, de conductas de señalar o mostrar objetos de interés).
    d. Falta de reciprocidad social o emocional.

2. Trastornos cualitativos de la comunicación, expresados como mínimo en una de las siguientes manifestaciones:

a. Retraso o ausencia completa de desarrollo del lenguaje oral (que no se intenta compensar con medios alternativos de comunicación, como los gestos o mímica).
b. En personas con habla adecuada, trastorno importante en la capacidad de iniciar o mantener conversaciones.
c. Empleo estereotipado o repetitivo del lenguaje, o uso de un lenguaje idiosincrático.
d. Falta de juego de ficción espontáneo y variado, o de juego de imitación social adecuado al nivel evolutivo.

3. Patrones de conducta, interés o actividad restrictivos, repetidos y estereotipados, expresados como mínimo en una de las siguientes manifestaciones:
   a. Preocupación excesiva por un foco de interés (o varios) restringido y estereotipado, anormal por su intensidad o contenido.
   b. Adhesión aparentemente inflexible a rutinas o rituales específicos y no funcionales.
   c. Estereotipias motoras repetitivas (por ejemplo, sacudidas de manos, retorcer los dedos, movimientos complejos de todo el cuerpo, etc.).
   d. Preocupación persistente por partes de objetos.

**B.** Antes de los tres años, deben producirse retrasos o alteraciones en una de estas tres áreas: (1) Interacción social, (2) Empleo comunicativo del lenguaje o (3) juego simbólico.

**C.** El trastorno no se explica mejor por un Síndrome de Rett o trastorno desintegrativo de la niñez.

## 7. FACTORES QUE DIFERENCIAN AL AUTISMO DE OTROS TRASTORNOS GENERALIZADOS DEL DESARROLLO.

| *TRASTORNO* | *PRESENTACIÓ N* | *RETRAS O* | *GRAVEDAD* | *DOMINIOS AFECTADOS* |
|---|---|---|---|---|
| **Autismo** | Antes de los tres | Puede o | Excede los | Social, |

| | años. | no estar asociado con retraso general. | umbrales del número de característica s. | comunicación y conductas repetitivas. |
|---|---|---|---|---|
| **Trastorno Desintegrativ o** | Desarrollo normal por encima de los 2 años | Asociado con retraso mental requiriend o apoyo intenso. | Umbrales no especificados pero parecen similar al autismo | Anormalidade s en dos o tres dominios de autismo. |
| **Síndrome de Asperger** | Antes o después de los 3 años. | No hay retraso ni en lenguaje ni cognición. | Puede exceder el umbral en el área social. | Social e intereses restringidos. |

## 8. TEORÍAS SOBRE LAS CAUSAS

Las podemos dividir en dos tipos:

- *POR CAUSAS EMOCIONALES.*

Existen diferentes razones para creer en una causa emocional: La mayoría de los niños autistas, cuando están en sus primeros años, tienen muchos problemas de conducta, incluso una notable dificultad para relacionarse con otras personas y demostrar afecto. Otra razón es que los padres de niños autistas tenían personalidades anormales. Las madres eran frías, duras y rechazaban a sus bebes; otros, que las madres los sobreprotegían.

La primera  razón es en la actualidad poco convincente, porque se ha llegado a entender que los niños que tienen desventajas en la comprensión del mundo por cualquier motivo, generalmente tienen problemas emocionales, como una consecuencia secundaria.

El hecho de que los padres niños autistas probablemente sean más inteligentes, mejor educados y de un nivel ocupacional más elevado que el promedio, se ha utilizado como un argumento para afirmar que no se interesan por sus hijos y que los tratan demasiado impersonalmente. Si bien resulta posible que los padres tengan mas de un hijo autista, en la mayoría de los casos los hermanos son sanos y normales.

Nadie ha demostrado que los orfanatos o las instituciones en las que no se prodigan cuidados maternales y donde el personal no tiene tiempo para "mimos" produzcan niños autistas.

- *POR CAUSAS FÍSICAS*

Se cree que es más probable una causa física. Se ha señalado el hecho de que aproximadamente el tercio total los niños autistas, tienen alguna otra anormalidad en el cerebro y el sistema nervioso. Ellos tienen muchos problemas en comprender y utilizar cualquier tipo de lenguaje, junto con dificultades en su coordinación de movimientos que requieren una habilidad; esto tiene mucha similitud a estados que se saben fundamentados en causas físicas.

Se ha demostrado que la maduración ósea en estos niños esta demorada. Pueden ser físicamente inmaduros en otros sentidos, y tender a mantener sus rasgos infantiles mucho más tiempo que la mayoría de los niños, aunque la pubertad se presenta dentro de los márgenes de tiempo acostumbrados.

Por otro lado se cree, que esta enfermedad esta basada en causas básicas como lo son; una anormalidad hereditaria, lesión, infección o algún otro hecho perjudicial, que hubiera acaecido durante el nacimiento o después de él. El daño cerebral, supuesto o demostrado se considera la causa del autismo y pese a que no se ha encontrado aún una anomalía específica del autismo, ya pocos investigadores dudan de que se tratan de causas de factor biológico.

## 9. TRATAMIENTOS Y TERAPIAS MÉDICAS.

La intervención temprana, apropiada e intensiva mejora en gran medida el resultado final de la mayoría de los niños con autismo. La mayoría de programas se basarán en los intereses del niño para planificar una agenda altamente estructurada de actividades constructivas. Las ayudas visuales son útiles a menudo.

El tratamiento es más exitoso cuando apunta hacia las necesidades particulares del niño. El programa individualizado debe ser diseñado por un especialista o un equipo con experiencia. Se dispone de varias terapias efectivas, dentro de las que se encuentran, el análisis del comportamiento aplicado (ABA) este programa es para niños pequeños con trastorno del espectro autista y es altamente efectivo en muchos casos. ABA utiliza un método de enseñanza uno a uno que confía en la práctica del refuerzo de diversas destrezas. El objetivo es acercar al niño a un funcionamiento de desarrollo típico. Otras terapias son, la terapia de la conducta, la fisioterapia, la integración sensorial, la terapia del lenguaje y del habla, el programa TEACCH, - (Tratamiento y Educación de los Niños Autistas y con Impedimentos Relacionados con la Comunicación)- utiliza un programa de figuras y otras indicaciones visuales. Hay otras terapias especializadas como la terapia musical, y tratamientos psicológicos más nuevos como la terapia del abrazo, terapia de la vida cotidiana, etc. El mejor plan de tratamiento puede utilizar una combinación de técnicas.

Al cobrar conciencia de que los factores biológicos son de importancia fundamental como causa del autismo, ha ganado terreno la búsqueda de fármacos como tratamiento.

## 10. LA EDUCACIÓN Y EL AUTISMO.

### *10.1. Criterios de escolarización de los alumnos con autismo.*

El autismo pide al sistema educativo dos cosas importantes: diversidad y personalización. Por otra parte, dada la enorme heterogeneidad de los cuadros de autismo y TGD (Trastornos Generalizado del Desarrollo), debe ser la valoración específica y concreta de cada caso la que indique las soluciones educativas adecuadas. La mera etiqueta de autismo no define, por sí misma, un criterio de escolarización. Hace falta una determinación muy concreta y particularizada, para cada caso.

Criterios importantes a la hora de decidir cuál debe ser la solución educativa adecuada para los niños con rasgos propios del espectro autista: Éste puede ser un centro normal, siempre que sea posible, un aula especial en colegio normal, un centro especial pero no específico de autismo o un centro específico. Se establece una distinción entre factores del niño y del centro educativo.(Tomado de Riviére, 2001).

**Factores del niño:**

1. Capacidad intelectual (en general, deben integrarse los niños con CI superior a 70. No debe excluirse la posible integración en la gama 55-70).
2. Nivel comunicativo y lingüístico (capacidades declarativas y lenguaje expresivo como criterios importantes para el éxito de la integración)
3. Alteraciones de conducta (la presencia de autoagresiones graves, agresiones, rabietas incontrolables, pueden hacer cuestionar la posible integración si no hay solución previa).
4. Grado de inflexibilidad cognitiva y comportamental (puede exigir adaptaciones y ayudas terapéuticas en los casos integrados).
5. Nivel de desarrollo social: es un criterio importante. Los niños con edades de desarrollo social inferiores a 8-9 meses por lo general sólo tienen oportunidades reales de aprendizaje en condiciones de interacción uno - a - uno con adultos expertos.

**Factores del centro escolar.**

1. Son preferibles los centros escolares de pequeño tamaño y número bajo de alumnos, que no exijan interacciones de excesiva complejidad social.

Deben evitarse los centros excesivamente bulliciosos y "despersonalizados".

2. Son preferibles centros estructurados, con estilos didácticos directivos y formas de organización que hagan "anticipable" la jornada escolar.
3. Es imprescindible un compromiso real del claustro de profesores y de los profesores concretos que atienden al niño con TGD o autismo.
4. Es importante la existencia de recesos complementarios, y en especial de psicopedagogo, con funciones de orientación, y de logopeda.
5. Es muy conveniente proporcionar a los compañeros del niño autista claves para comprenderle y apoyar sus aprendizajes y relaciones.

### *10.2. Formas de trabajo e instrumentos específicos de evaluación en autismo.*

La modificación de conducta, con el modelo del condicionamiento operante como esquema básico, es la más efectiva para la educación de los niños autistas. No obstante, para que sean realmente efectivas las condiciones de planificación, control y evaluación deben ser extremos.

Trabajo en clase

La forma de promover la comunicación es hacer que el educador "exista" esto se consigue intentando interpretar sus estereotipias, dejándole entregarse a sus rituales y actividades solidarias, sino todo lo contrario, el profesor tiene que:

- Relacionarse de forma fácil de comprender para el niño, de manera predecible, ordenada y sobre todo no caótica.
- Tiene que poner límites a su conducta no adaptada.
- Reforzar de forma discriminativa sus conductas más adaptadas y funcionales.
- Planificar situaciones estables y estructuradas.
- Ayudar a demorar sus gratificaciones y les haga comprender lo que son caprichos no permitidos.
- En las órdenes e instrucciones se debe ser muy ordenado y claro con el niño.
- Su actitud, en general, tiene que ser directiva en la planificación de actividades y el tiempo.

Se trata de que el niño autista sea capaz de comprender lo que se le pide. Ya sea con gestos entrenados estables, con palabras claras o frases cortas, y siempre, después de estar el educador seguro de que él le está atendiendo.

Objetivos del entrenamiento de habilidades de la Comunicación – Interacción que versan sobre adquisiciones en el período sensoriomotor.

- Contacto ocular.
- Proximidad y contacto físico.
- Coorientación de mirada, con o sin señalamiento.
- Llamadas de atención funcionales sobre hechos, objetos, o sobre sí mismo.
- Uso funcional de emisiones, vocalizaciones, palabras o frases, mirando y dirigiéndose al adulto.
- Uso de la sonrisa como contacto social.
- Petición de ayuda al adulto, tras intento de alcanzar algo.
- Conducta instrumental: reconocimiento y uso de uno o más medios para alcanzar un fin.
- Uso del adulto o parte de éste, mirándole a la cara y vocalizando.
- Reproducir dirigiéndose al adulto parte o una acción determinada.
- Dar y enseñar objetos.
- Movimientos de anticipación.
- Juego recíproco.

Lo mejor es planificar situaciones cortas, interesantes y sorprendentes para el niño que inciten al señalamiento, no ya para la obtención de algo, sino para mostrar o enseñar algo. El modelamiento de gestos y miradas será el instrumento de modificación de conducta principal en este tipo de entrenamiento.

La enseñanza del lenguaje deberá basarse en las funciones comunicativas y en el momento evolutivo de su aparición. Debe ser:

Instrumental.

Regulador.

Interaccional.

Personal.

Referencial.

Hermenéutico.

Imaginativo.

Conversación.

Juegos con objetos en secuencias fijas.

Juego con reproducción de objetos, en secuencias fijas y variables.

Juegos con acciones que simulan tener dichos objetos, con secuencias fijas y/o variables.

Juego de acción sin objetos específicos en simulación.

Intervención en el área cognitiva. Los objetivos a trabajar con niños autistas con retraso mental son:

Promoción de los mecanismos básicos de atención.

Promoción de relaciones entre objetivos y medios; conductas instrumentales y resolución de problemas sencillos.

Promoción de mecanismos y conductas básicas de utilización funcional de objetos y primeras utilizaciones simbólicas.

Promoción de mecanismos básicos de abstracción, primeros conceptos simples.

Promoción dela comprensión de redundancias, extracción de reglas y anticipación.

Objetivos a trabajar con niños autistas cuyo desarrollo intelectual es cercano al normal, los objetivos son:

Simbolismo complejo; juego simbólico elaborado.

Apreciación de relevancias y comprensión de contextos significativos amplios; ya sea en acontecimiento de su propia vida, representaciones pictóricas y en relatos.

Atención y concentración. Tanto en trabajos escolares como en situaciones libre.

Comprensión de reglas, extracción y utilización flexible de las mismas en contextos sociales.

Intervención en problemas de conductas:

Eliminar siempre que sea posible los estímulos discriminativos que desencadenan la conducta; aquellas que de alguna forma dan la pista al niño de que es en ese momento cuando va a ser recompensada.

Enseñarle habilidades para hacer frente a situaciones determinadas, desencadenantes de estas conductas; enseñarle a otras conductas incompatibles.

Reforzar de forma diferencial otras conductas ya aprendidas y adaptadas, de forma que llegue a tener mayor frecuencia que la anterior, sustituyéndola.

Eliminar el refuerzo de la conducta disruptiva.

Retirar la atención de forma más o menos activa. Pudiendo llegar incluso al aislamiento del niño, si el caso lo requiere.

Intervención en otras áreas:

Gran número de niños autistas pueden ser deficitarios en psicomotricidad gruesa, fina y en autonomía general. Para ello, debemos seguir los ítems delas escalas de desarrollo teniendo en cuenta:

- La utilidad y funcionalidad del objetivo en relación al niño en sí.
- Aplicando las técnicas de modificación de las conductas, ya descritas.

### *10.3. Tareas a trabajar partiendo de sus dificultades.*

- ✓ El niño autista tiene dificultades de atención, apenas muestra capacidad para dirigir por sí mismos la atención, por esto debemos plantear situaciones de enseñanza muy estructuradas, dividiendo en pequeños pasos y metas aquello que queremos que aprenda.
- ✓ Muestran conductas inapropiadas en situaciones de aprendizaje, se trata de conductas de autoestimulación o conductas inadaptadas, para situaciones de tareas de trabajo es recomendable que estas esteriotipas

sean ignoradas sino imposibilitan la tarea, y así mas adelante cuando el niño haya adquirido algún aprendizaje, reforzarlo diferencialmente.

- ✓ Superselectividad, aprenden de forma mecánica sin comprender la esencia o significado de lo que se quiere enseñar. La fórmula que habitualmente se aplica en el diseño de tareas, para superar esta dificultad es evitar las ayudas extraestimulares y utilizar intraestimulares. Ayuda extraestimular es aquellas que se añade el estímulo (señalar, nombrar), y por tanto corren el peligro de quedar como estímulo discriminativo. Las ayudas intraestimulares son aquellas que agradan o destacan el estímulo que queremos que atiendan (hacer más brillante el color).

Dificultad en percibir contingencias. Tiene importantes problemas para reconocer la relación espacio-temporal entre acontecimientos dentro de la mismo modalidad sensorial, y aún más mucho más entre diferentes modalidades sensoriales. Para disminuir esta dificultad, debemos hacer que los acontecimientos dentro de las tareas sean muy próximas en el tiempo y en el espacio, por lo menos cuando se comienza a trabajar con un niño o con una tarea nueva.

- ✓ Grandes cantidades para generalizar: dependen enormemente del lugar y personas con las que aprenden algo, de forma que parecen no saber hacerlo en otras circunstancias. Podemos conseguir superar esta dificultad, planteando las tareas de cara a los entornos naturales, casa y escuela. Cambiando paulatinamente y de forma controlada los aspectos del entorno y retrocediendo a pasos anteriores cuando observamos que dicho aprendizaje se está perdiendo.
- ✓ Cuando enseñamos algo a estos niños, en muchas ocasiones, parece como si aprendieras de forma mecánica, sin llegar a comprender la esencia o significado de lo que queremos que aprendan. El diseño de la tarea puede evitar dicha mecanización, poniendo el acento en lo que es realmente significativo, olvidándonos de aspectos superfluos.

✓ En algunos momentos pueden dejar de responder a nuestras llamadas de atención, órdenes, tener rabietas, bajar el nivel de atención, por lo que el aprendizaje no se produce aunque aparentemente atienden o hacen lo que decimos.

Para superar todo esto es necesario planificar el aprendizaje sin error, evitar fracasos, ya sea con ayudas adecuadas y la planificación de la tarea en sí, evita que se produzcan problemas de este tipo. Controlar los fallos que van teniendo en las tareas y sus relaciones nos ayudará a ir aumentando paulatinamente su capacidad de error y por lo tanto de frustración.

El adecuado manejo de los refuerzos, utilizando refuerzos cada vez más naturales, internos y demorados, les irá acostumbrado a que se adapten a situaciones cada vez menos gratificantes.

## 11. PROGRAMA DE ATENCIÓN TEMPRANA PARA UN ALUMNO CON AUTISMO.

### *11.1.- Presentación del caso:*

Alumno de ocho años, diagnosticado de autismo infantil, escolarizado en el segundo nivel del primer ciclo de Educación Primaria.

### *11.2.- Evaluación psicopedagógica*

- Área cognitiva:
  - Necesita desarrollar procesos psicológicos básicos
  - Necesita desarrollar habilidades de imitación.
- Área comunicativo-lingüística:
  - Necesita desarrollar el lenguaje oral en todos sus campos y se le dotará de un SAAC (Sistemas Alternativos y Aumentativos de Comunicación). Se elige el programa estructurado de Benson-Schaeffer que aúna "soporte" y "procedimiento" en cuanto que no sólo enseña signos sino también estrategias de relación e intercambio social.

  - Necesita adquirir expresión no verbal: gestos, expresión corporal, contacto ocular.
  - Necesita entrenamiento educativo para el aprendizaje del juego funcional.
- Área afectivo-social:
  - Necesita relacionarse con los demás en diferentes contextos.
  - Necesita trabajar la empatía.
  - Necesita adquirir habilidades de autonomía personal.
- En relación a las alteraciones comportamentales y estereotipias:
  - Necesita que se le proporcionen actividades alternativas funcionales con la finalidad de reducir la frecuencia de las estereotipias.
  - Necesita que se le proporcionen estrategias adecuadas para sus problemas comportamentales.

### *11.3.- Programa de intervención.*

a. <u>Objetivos:</u>

- Desarrollar procesos psicológicos básicos.
- Estimular las capacidades comunicativas del alumno tanto a nivel comprensivo como expresivo.
- Desarrollar capacidades de autocontrol necesarias para hacer disminuir todas aquellas conductas inadecuadas.
- Desarrollar habilidades sociales relacionadas con la interacción social y la autonomía.
- Desarrollar y mantener las capacidades físicas.
- Desarrollar y mantener las capacidades psicomotrices.
- Estimular las actividades de grupo.
- Mejorar el bienestar psíquico.
- Disminuir los problemas de conducta.

b. <u>Actividades tipo:</u>

- Actividades de percepción visual y/o táctil.

- Discriminar derecha-izquierda para afianzar el esquema corporal y la lateralidad.
- Indicaciones verbales apoyadas en signos manuales.
- Utilizar refuerzos sociales (muy bien, sigue así,...)
- Actividades de escucha y discriminación auditiva (grabaciones, imitar ritmos con el cuerpo,...).
- Canciones y poesías sencillas apoyadas con gestos.
- Programas de acción autónoma.
- Programas de control de conducta (refuerzos positivos, Ley de la Abuela...).
- Actividades de petición.
- Gimnasia
- Marcha
- Actividades acuáticas

c. Criterios metodológicos:

Se buscará desde un ambiente cálido y afectuoso, y mediante un Enfoque Globalizado, el Propiciar los Aprendizajes Significativos y Funcionales, favoreciendo la Generalización de los mismos, donde el profesor será un Mediador. Será en Ambientes muy estructurados y mediante tareas redundantes así como utilizando materiales llamativos. Priorizando siempre la comunicación y el Desarrollo de la Autonomía del Alumno, además del Respeto a las diferencias por parte del resto de compañeros.

d. Recursos:

- Recursos humanos: Tutora, Profesor o profesora de PT, Departamento de Orientación, Profesor o profesora de Educación Física, Especialista en TGD, Familia.
- Recursos Materiales: Juguetes para el juego funcional y simbólico, material para el uso y conocimiento de SAAC, textos adaptados,

material manipulativo, ábacos, lottos, pelotas, panel de comunicación, programas adaptados: Win-Speak, adaptaciones en el ordenador: teclados por conceptos, piscina.

e. Evaluación y revisión del programa de intervención:

La Evaluación será siempre continua, formativa y formadora, realizándose durante todo el proceso de puesta en práctica de este Programa (permitiéndonos así el introducir las modificaciones que fuesen precisas) así como al final del mismo y siempre teniendo en cuenta tanto al alumnado, al profesorado implicado como a la Comunidad Educativa y el Propio Programa siguiendo los siguientes Criterios:

- Grado de adecuación de las Actividades propuestas así como de los Recursos Seleccionados.
- Grado de Implicación del Profesorado y Familias.
- Grado de adecuación de Objetivos, Contenidos y Metodología.
- Grado de adquisición de los Objetivos.
- Nivel de Coordinación y Cooperación entre Profesorado y Familia.
- Grado de Satisfacción del Profesorado, del alumno y de la Familia.

## II. DEFICIENCIA VISUAL

### 1. DEFINICIÓN:

Es aquel niño que padece la existencia de una alteración permanente en los ojos o en las vías de conducción del impulso visual. Esto causa una disminución de la capacidad de visión, lo que constituye un obstáculo para el desarrollo normal de su vida y que precisa de una atención a sus necesidades especiales.

Las palabras disminuido visual se usan ampliamente en la actualidad para identificar a la persona que tiene una alteración en la estructura o funcionamiento de la visión –el ojo- cualquiera que sea la naturaleza o extensión de la misma. Este término ha tenido éxito porque la alteración crea una limitación que dificulta el aprendizaje que se puede lograr a través de la vista.

### 2. TIPOS:

2.1. Un primer tipo se refiere a aquellos sujetos con déficit visual, de baja visión,...Estas personas a pesar de una reducción considerable de su capacidad de leer y escribir en tinta de una manera habitual e incluso pueden tener éxito en determinadas tareas de la vida corriente.

**2.1.1.** *Baja Visión:* los niños limitados en su visión de distancia, pero que pueden ver objetos a pocos centímetros constituyen otro sub-grupo. La mayoría de estos niños podrán utilizar su visión para muchas actividades escolares, algunos pocos para leer y otros deberán complementar su aprendizaje visual con el táctil. Bajo ningún concepto se les debe llamar "ciegos".

**2.1.2.** *Limitado visual:* el término se refiere a los niños que de alguna manera están limitados en el uso de su visión. Pueden tener dificultad para ver materiales comunes para el aprendizaje sin contar con una iluminación especial o pueden no ver objetos a cierta distancia a menos que estén en movimiento. Pueden ser también que deban usar lentes o lupas especiales para poder utilizar la visión que poseen. Los niños limitados visuales deben ser considerados como niños videntes para los fines educativos.

2.2. Un segundo tipo se refiere a aquellos sujetos ciegos o invidentes. Comprende a aquellas personas que ni siquiera poseen un resto visual o que aún poseyéndolo sólo posibilita la orientación a la luz, percibir volúmenes, colores y leer grandes titulares pero no permiten el uso habitual de la lecto- escritura en tinta.

**2.2.1.** *Ciegos:* niños que tienen sólo percepción de luz sin proyección, o aquellos que carecen totalmente de visión.

Desde el punto de vista educacional, el niño ciego es el que aprende mediante el sistema Braille y no puede emplear su visión para adquirir ningún conocimiento, aunque la percepción de la luz pueda ayudarle para sus movimientos y orientación.

## 3. CARACTERÍSTICAS DE LA CEGUERA Y DE LAS DEFICIENCIAS VISUALES.

**-Visión general de la evaluación de la visión-**

*3.1. El examen ocular:*

El primer paso es la elaboración de una historia clínica en la que se recogen datos de muy diverso tipo que pueden ser reveladores para la adecuada orientación del examen posterior, para el diagnóstico y tratamiento subsiguiente. Cuestiones como la edad, la ocupación, enfermedades que se padecen o la evolución anterior de la visión subjetiva, son aquí relevantes. Otros aspectos de interés, previos al examen ocular propiamente dicho, son la información sobre dolores o molestias oculares, diplopía o vértigos, así como la posible presencia de cambios en el aspecto de los ojos, en la secreción lacrimal o sobre la posible presencia de exudados.

- Agudeza Visual: “agudeza” se refiere a la medida clínica de la habilidad para discriminar claramente detalles finos en objetos o símbolos a una distancia determinada. La agudeza suele establecerse utilizando la llamada **Carta de Snellen** que resulta muy familiar a toda persona que haya sufrido alguna vez un examen ocular.

- La estimación del campo visual es también de gran importancia, pues aunque una buena visión foveal asegura la lectura visual, una seria alteración del campo que implique pérdida de la visión periférica puede incidir sobre la movilidad del sujeto. Un sistema algo burdo de medir la visión es el de situar un objeto blanco de 3 mm. a unos 30 cm. de cada ojo del sujeto. Una estimación más precisa requiere hacer una perimetría por un especialista. Un campo completo representa una función del 100 % en este parámetro.

- El tercer parámetro para la medida normalizada de la visión es la motilidad ocular estimada a través del informe que el sujeto realiza de la diplopía que observa en su campo binocular. La estimación se hace a través de la llamada pantalla de tangentes situada a 1 m. de distancia y utilizando como estímulo una luz situada en los meridianos del campo a distintas distancias angulares de la línea de fijación de la mirada. Si la diplopía aparece dentro de los 20º centrales se habla de una pérdida de la eficacia visual de un ojo, ya que, generalmente esta situación hace precisa la oclusión de uno de ellos. La estimación de los porcentajes de pérdida para otras orientaciones precisa de la utilización de un diagrama de campo.

- La estimación numérica de la eficacia visual de un ojo se calcula multiplicando los porcentajes de eficiencia en cada uno de los tres parámetros que acabamos de señalar (agudeza, campo y motilidad). La eficiencia visual de los dos ojos se calcula multiplicando por tres la estimada para el mejor ojo, multiplicando por uno la del peor, sumando ambas y dividiendo el resultado por cuatro. De este modo, una persona con un ojo ciego y otro normal tendría una eficiencia visual binocular del 75 %.

### *3.2. El informe visual:*

Ya se ha señalado la importancia que para padres y educadores tiene el adecuado conocimiento de la eficiencia visual de un niño para ajustar el tratamiento educativo que éste ha de recibir. Un buen método para sistematizar este conocimiento es el disponer de un informe visual actualizado que recoja, al menos, los datos que a continuación se detallan:

- Identificación del sujeto, edad, sexo, dirección y datos escolares.
- Historia clínica visual y de aspectos relacionados.
- Medidas de eficiencia visual normalizados tal y como vienen descritas en el apartado anterior.
- Causas de la deficiencia visual. Diagnóstico, condiciones antecedentes, estado actual y etiología.
- Prognosis y recomendaciones de tratamiento, incluyendo lentes, condiciones de iluminación para el trabajo, materiales de apoyo,...
- Examinador y fecha del examen.

Un adecuado informe de eficiencia visual para su uso psicológico o educativo no puede agotarse con el recurso a datos meramente sensoriales, sino que precisa incluir también aspectos de tipo psicológico, es decir, del aprovechamiento cognoscitivo de la información visual recogida del ambiente.

## 4. EDUCACIÓN. ASPECTOS A TENER EN CUENTA EN LAS DIFERENTES ETAPAS EVOLUTIVAS.

### *4.1. Ceguera y Desarrollo Psicológico:*

Sin duda, a pesar de los problemas de generalización excesiva que puede producirse, el estudio de las características o peculiaridades que tiene el desarrollo psicológico en los niños afectados en un sistema sensorial tan importante como la visión, tiene un doble interés. En primer lugar, es importante a la hora de establecer las pautas de intervención y educación necesarias para optimizar las posibilidades de desarrollo y aprendizaje de los niños con deficiencias visuales severas. Además tiene un considerable interés teórico para la psicología del desarrollo ya que permite estudia la importancia que tiene el sistema visual en la especie humana, la posibilidad de que existan vías alterativas para el desarrollo utilizando otros sistemas sensoriales y, sobre todo, poner a prueba la plasticidad del sistema patológico humano.

Es necesario argumentar que los procesos de desarrollo –aprendizaje que se van a describir a continuación, no se producen de forma rígida e idéntica para todos los invidentes, ya que dependen de la conjunción de una serie de factores individuales, familiares, sociales y culturales.

*4.2. Ceguera y etapas evolutivas:*

En las personas ciegas se pueden dar una serie de conductas o tendencias propias de los ciegos. El niño ciego frecuentemente permanece más tiempo que el vidente en algunas de las etapas evolutivas ya que la ausencia de visión puede actuar como freno al desarrollo haciendo más lento el paso a una etapa superior:

A/ En la primera infancia el desarrollo cognitivo y psicomotor de los niños ciegos queda bastante afectado.

B/ En el período sensomotor el déficit visual plantea carencias importantes: es esta la etapa basada en la percepción de las sensaciones del entorno y su interrelación con él a través de los primeros movimientos. A partir de los cuatro meses los bebés videntes empiezan a coger objetos y coordinar la mano y el ojo. El bebé ciego no agarra objetos antes de los siete meses. Os niños ciegos empiezan a gatear a los once meses y la marcha hacia los diecinueve meses. Una vez adquiridas estas conductas le resultará más fácil la relación con el entorno.

C/ En períodos posteriores y especialmente en el período de las operaciones concretas los niños van adquiriendo la realidad a través de acciones interiorizadas imaginándolo de forma lógica y coordinada. Los niños ciegos sufren un retraso en la adquisición de las operaciones concretas. Presentan un mayor desfase en tareas de tipo figurativo-perceptivo que en las de carácter lingüístico. Esta modalidad perceptiva no le permite alcanzar una igualdad con los videntes hasta los 11 o 14 años.

Los sujetos con déficit visual van a tener alteraciones en coordinación viso motora, en la posición en el espacio y las relaciones espaciales.

Las alteraciones en la percepción constituyen un hándicap para el aprendiz en general, y especialmente para el aprendizaje escolar. Por lo tanto estas deficiencias han de paliarse mediante una intervención educativa que atienda a las necesidades especiales a ser posible desde los primeros meses de vida de lo contrario el sujeto manifestará un retraso escolar considerable.

El medio social inmediato (familia, barrio y escuela) es el más idóneo para el desarrollo integral del niño siempre que tenga en cuenta las características de cada uno. Consecuentemente, la educación del deficiente visual grave supone partir del conocimiento de estas características para adecuar el entorno a las mismas y poner en práctica unas estrategias o técnicas de intervención de manera coordinada entre todos los profesionales que se relacionan en la acción educativa.

El movimiento debe ser el principal apoyo sustitutivo de la visión para conseguir un conocimiento del mundo que le rodea. La forma en que aprenden a través de otros sentidos y del movimiento es diferente de las del niño sin déficit, y dependerá en gran medida de las personas que lo rodean. Uno de los objetivos de la educación es el de capacitar a los niños para llevar a cabo una vida autónoma e independiente que les permita una adecuada interrelación con el mundo que le rodea.

La acción educativa a ellos dirigida ha de contar con la aplicación de técnicas y estrategias específicas para la estimulación visual, la orientación y movilidad, la adquisición de habilidades de vida diaria, con unos materiales específicos y adaptados, con el uso de auxiliares que permitan el aumento de imagen visual, con un refuerzo en determinadas áreas del currículo cuando sea necesario. Siempre bajo unas condiciones de iluminación apropiadas y, sobre todo, a de contar con una atención lo más temprana posible.

*4.3 Atención temprana:*

En el caso de bebés con algún tipo de minusvalía desde su nacimiento o durante los primeros meses de vida, hay que tener en cuenta que cada deficiencia tienen unas características determinadas y que varían de un niño a otro. Se manifiestan en cada caso, produciendo lagunas o retrasos en el desarrollo general. El objetivo fundamental de la atención temprana será favorecer un desarrollo evolutivo lo más normalizado posible. No se trata de ignorar que el bebé tiene algún problema, y actuar como si no pasara nada, sino de tratarle como a un bebé normal, proporcionándole la estimulación a la que no puede acceder por si mismo.

Los educadores que han comprobado que los niños ciegos siguen un desarrollo paralelo al de otros niños videntes, parten de unas ideas básicas para afrontar la educación de los niños deficientes visuales desde los primeros meses de vida:

A/ El organismo posee otras vías sensoriales (olfativas, táctiles y auditivas) que, adecuadamente estimuladas, pueden compensar en gran medida la falta de visión, de manera que no se altere seriamente el sistema evolutivo central.

B/ Hay que conocer el desarrollo evolutivo del bebé sin problemas de visión. De esta forma podremos comprender más fácilmente las dificultades con que se encuentra el bebé deficiente visual para desarrollar determinados aprendizajes.

C/ Hay que saber todo lo posible sobre la enfermedad visual y el diagnóstico oftalmológico, su origen, evolución y pronóstico. Es muy importante conocer si el bebé tienen o no restos visuales, así como si presenta o no deficiencias asociadas.

D/ El desarrollo del bebé ciego no es el mismo que el del bebé deficiente visual grave que posee restos visuales. Esto es muy importante a la hora de establecer las actividades del programa de atención temprana, ya que no se pueden considerar las alteraciones visuales en el mismo plano que la carencia total de visión.

E/ Hay que estimular los restos visuales del bebé, por muy pequeños que estos puedan parecernos, porque la capacidad de ver no es innata ni automática: se desarrolla con el uso.

F/ Un bebé ciego que no recibe ningún tipo de información intencional, es más pasivo porque no puede atender a los estímulos visuales ni alcanzar los objetos que le rodean. El bebé no posee los instrumentos que le permiten reaccionar. El desarrollo de sus capacidades auditivas y táctiles tampoco son innatas y se tienen que desarrollar mediante el aprendizaje.

G/ El lenguaje es un instrumento de información fundamental para el niño ciego desde los primeros momentos, sobre todo cuando no es posible mantener un contacto táctil (objetos lejanos, personas, espacios, acontecimientos, etc).

Partiendo de estas ideas, los profesionales que elaboran y llevan adelante los programas de atención temprana necesitan conocer cuales son las necesidades que conlleva el déficit visual en cada caso. Hablaremos de las necesidades del niño y de las de los padres.

### *4.4. Necesidades del bebé ciego y del bebé que padece una enfermedad visual grave.*

El desarrollo del bebé ciego y del que conserva restos visuales es diferente aunque durante los primeros 18 meses es conveniente que reciban una estimulación multisensorial. Aunque el niño sea capaz de seguir luces y objetos, no quiere decir que su visión sea normal; así que las actividades táctiles, auditivas, olfativas, gustativas y psicomotoras le ayudarán a completar la información visual distorsionada y a asimilarla.

Sea cual sea la escala de desarrollo que utilice el profesional, incluirá conductas relacionadas con el comportamiento visual, que deben seguir los niños que respondan a tareas de estimulación visual.

**A/ Necesidad de establecer un vínculo con la madre o la persona que más tiempo esté con él.**

El niño ciego necesita una referencia táctil y/o auditiva para mantener el contacto con el medio que le rodea. Desde los primeros días los niños ciegos y videntes necesitan contacto con los padres para sentirse seguros. En ausencia de estas atenciones los niños ciegos pueden mostrarse irritables ante cualquier tipo de estímulo con continuos lloriqueos.

Las caricias y las palabras de la madre junto con los estímulos físicos constituyen un lenguaje táctil – auditivo que sustituye al del contacto visual en el vidente. Poco a poco relacionará el contacto con su madre y su voz con una situación placentera.

Mediante una serie de actividades, que se basan en el contacto corporal madre-hijo, puede favorecer la relación de apego entre ambos. Esto es fundamental para el bebé ciego, porque es su madre la mediadora con el mundo. Cuando el niño no recibe estimulación visual, establece con su madre una relación mucho más fuerte que en el caso de los demás niños. Es decir, le costará más trabajo separarse de ella y la relación de apego durará más tiempo. Es muy importante tener en cuenta esta circunstancia ya quc por una parte el niño ciego necesita de una fuerte relación con la madre para enfrentarse al mundo durante los primeros años de vida. Y por otra, necesita independencia para explorar el medio por sí mismo y relacionarse con las demás personas, niños y adultos.

Cuando el niño ha adquirido la marcha autónoma y comienza el lenguaje oral, los padres y profesionales comienzan a plantearse que el niño comience a relacionarse con otros niños y con otros ambientes (parques, guarderías o las casas de otros niños). Esta separación debe hacerse poco a poco, al principio con la presencia de la madre, y no esperar a que el niño tenga edad para entrar en la escuela infantil.

**B/ Necesidad de estimulación táctil y auditiva.**

Las actividades que pueden realizarse con niños ciegos son muy variadas y están encaminadas a que reciban la mayor cantidad posible de estímulos táctiles y auditivos. Es muy importante tener en cuenta la combinación de ambos estímulos a la hora de presentarle objetos o situaciones:

A/ Tocar el bebé mientras se habla, se le cambia o se le da de comer.
B/ Llamar al bebé por su nombre.
C/ Hacerle caricias por todo el cuerpo, con las manos y con diferentes texturas (cepillos suaves, telas, algodón, etc.)
D/ Hablar al bebé mientras lo cogemos en brazos y le acariciaos suavemente alguna parte de su cuerpo.
E/ Coger suavemente al bebé cuando llore para calmarle mediante palabras y caricias.
F/ Bañarse con el bebé para que pueda tocar el cuerpo de otras personas. También chapotear y moverse dentro del agua.
G/ Cuando el bebé está boca abajo, colocar juguetes sonoros delante de su cara para que levante la cabeza y posteriormente presentárselo desde diferentes direcciones para que dirija su cabeza hacia el sonido.

**C/ Necesidad de explorar activa y espontáneamente.**

Puede que uno de los aspectos que influya más en un niño ciego sea la falta de iniciativa para moverse en su entorno. Necesita mucho más tiempo para asegurarse de que no existe ningún peligro para él ya que necesita puntos de referencia táctiles y señales de anticipación que le inciten a tomar la iniciativa en los aprendizajes motóricos. Por ello es clave la intervención del adulto, que puede ayudar a que el niño adquiera seguridad en sí mismo mediante señales anticipatorias e indicándole verbalmente de lo que se encuentra a su alrededor aunque no pueda tocarlo.

No debemos esperar que el niño realice por sí mismo determinados movimientos correspondientes a cada etapa del desarrollo motor, debemos dirigir el aprendizaje a estimular dichos movimientos. Son los padres los que a través del contacto físico y auditivo ayudarán al bebé a asociar la actividad motórica con algo gratificante.

Desde los primeros meses es muy importante cambiar de posición al bebé para que tome consciencia de todos los movimientos de su cuerpo. Podemos estimularlo colocando objetos sonoros en distintas partes de su cuerpo para que suenen mientras se mueve.

Otras conductas como mirarse las manos o los pies deben sustituirse por otras que ayuden al bebé a buscar sus manos y sus pies. Ello se logra haciendo que haga como si hiciera palmitas y con los pies podemos hacerle cosquillas y ayudarle a tocarlos.

Cuando el bebé sea capaz de coger objetos y de desplazarse con autonomía debe evitarse el intervenir en demasía, cogiéndolo o dándole objetos ya que le estaríamos impidiendo que actuara por sí mismo. Esto es una tarea difícil porque hay que establecer la frontera entre lo que es motivar la independencia y proporcionar ayuda.

**D/ Necesidad de manipular los objetos para acceder al mundo exterior.**

Una serie de investigaciones con bebés ciegos congénitos en Dinamarca, demostraron que *"los infantes ciegos pueden alcanzar los objetos a la misma edad que los videntes, que los bebés ciegos pueden desarrollar la integración sensorial a la misma edad que los que ven y pueden ser activos en la exploración…".*

El niño necesita que su entorno sea estable para así poder acceder a las cosas, con objetos conocidos por él, al mismo tiempo variados y que permanezcan siempre en el mismo lugar, para favorecer su exploración táctil y su manipulación. Cuando sea capaz de sentarse sin apoyo podrá disponer de las dos manos y así delimitar su "Campo táctil". Si aún no ha logrado sentarse en esta posición se le puede colocar en una trona, sin que le cuelguen los pies, y así facilitarle los movimientos.

Una buena forma de actuar consiste en dirigir al niño durante la actividad a la vez que le permitimos, tras varias repeticiones, que realice parte de le tarea. Al principio la intervención del adulto será total, pero poco a poco, si realizamos diariamente la actividad, comprobaremos cómo el niño va tomando la iniciativa y, naturalmente, le dejaremos intervenir para que manipule y explore por sí mismo. Lo que el niño haga sólo al principio, lo hará sólo más tarde.

Los juguetes y objetos deben combinar textura, forma, sonido, temperatura, sabor y olor, cuando sea posible, para favorecer la asociación mutisensorial. Al principio se le presentarán al niño dos o tres juguetes, aunque no serán los mismos durante muchos días para evitar que se acostumbre a tocar siempre lo mismo y luego rehace objetos nuevos.

Un juego manipulativo muy importante es el DAME-TOMA (entre el 9º y 10º mes). Se colocan varios objetos pequeños, conocidos por el niño, dentro de unos recipientes que produzcan sonido. Después se le pedirá que nos de uno por uno, hasta que ya no queden más y a continuación nos los pedirá él extendiendo la mano.

Más tarde deberá facilitarle la exploración de su entorno a través del movimiento de sus manos y dedos, que alcance las cosas por sí mismo, y no ponerlas continuamente en sus manos, así estaremos dándole oportunidades de tomar iniciativas.

Nunca deberá pedirse al niño que haga algo si no tiene la capacidad para hacerlo. No se trata de examinar al niño, de ver lo que es capaz de hacer, sino ayudarle a aprender por sí mismo.

**E/ Necesidad de adquirir habilidades de comunicación.**

Uno de los instrumentos más importantes para el desarrollo del niño ciego es el lenguaje. Siempre que la madre entra en contacto con el niño le está proporcionando estimulación lingüística. Todas las madres suelen hablar a sus bebés cuando están a su lado, aún cuando estos no conozcan el significado de las palabras. Esto es mucho más importante cuando el niño no tiene visión.

La estimulación del niño ciego ante la estimulación auditiva va a desarrollarse en alto grado, ya que va a ser la vía fundamental de recogida de información, junto con el tacto.

Cuando el bebé ciego comienza a pronunciar las primeras palabras, puede que no se correspondan con algo que tenga significado para él, sino con el placer que le produce la repetición de sus fonemas. Esta no es una diferencia, sino una característica del desarrollo lingüístico del niño ciego.

El niño ciego, debido a su gran capacidad de memoria auditiva, asimila gran cantidad de vocabulario que carece de significado para él, ya que sólo las palabras relacionadas con su experiencia directa le son significativas. Se produce un desfase entre el aspecto cognitivo y social del lenguaje: el niño quiere utilizar palabras para adaptarse a su ambiente, pero aún no ha adquirido los conceptos correspondientes a muchas de ellas, porque necesita más tiempo que el vidente para acceder a la información del entorno.

El uso de las palabras sin sentido debe valorarse en cuanto sean utilizadas por el niño ciego con intención comunicativa, y negativamente, si el fin es la repetición en sí misma. Es importante para los educadores conocer cuales son las peculiaridades que representa el lenguaje del niño ciego con respecto al del vidente.

La mayoría de los niños ciegos alcanzan un nivel lingüístico equiparable al del cualquier vidente, que muchas veces sorprende por su correcta sintaxis y amplio vocabulario. De cualquier forma y a lo largo de su vida, habrá que evitar en lo posible el verbalismo, utilizando siempre un lenguaje explicativo para darles a conocer las nuevas situaciones, objetos y personas, para que las palabras adquieran significado para ellos.

## 5. ESTIMULACIÓN VISUAL:

### *5.1. El aprovechamiento de los restos visuales:*

**5.1.1. Los programas de estimulación visual** están indicados para sujetos que tienen una visión mínima o que no aprovechan su visión residual en su comportamiento habitual. Hay personas que pueden tener alguna visión pero que nunca han aprendido a interpretar conceptualmente lo que están viendo. Este tipo de programas puede incluir cuestiones como el aprender a distinguir si la luz está encendida o apagada, seguir un objeto en movimiento, alcanzar objetos, etc.

**5.1.2. Los programas de entrenamiento en eficiencia visual** se refieran a aspectos más propiamente perceptuales. Entre las habilidades a adquirir estarían el aprender a distinguir patrones de estímulos visuales, diferencias características generales y detalles de objetos y transferir este aprendizaje a presentaciones bidimensionales y símbolos.

**5.1.3. La instrucción en la utilización de la visión** representa un cambio de énfasis respecto a los tipos de programa anteriores, pues se refiere a cuestiones como la modificación del ambiente, el uso de ayudas tanto ópticas como no ópticas, así como técnicas para un máximo aprovechamiento del uso de la visión.

**5.1.4. Instrumentos técnicos de ayuda a la visión**: son aparatos especialmente diseñados para aumentar la calidad de las entradas de información visual del sujeto. Estas ayudas o curan el déficit, pero sí pueden hacer que la persona afectada alcance mayor eficiencia e independencia. Podemos distinguir entre **ayudas**

**ópticas** (aquellas que mejoran la imagen retiniana, fundamentalmente a través del uso de lentes) y **ayudas no ópticas** (aquellas que producen cambios ambientales: color, iluminación, contraste, relaciones espaciales y tiempo).

La manipulación de condiciones ambientales no se refiere a la utilización de aparatos que amplíen o mejoren la imagen retiniana, sino que está destinada a modificar las condiciones de recepción del estímulo y en ocasiones, a cambiar las características del propio estímulo de forma que éste pueda percibirse mejor a través de la vista. Cuestiones como la posición del sujeto ante el estímulo, la presencia de reflejos, el uso de determinados colores, la complejidad del estímulo o el tiempo que toma el sujeto para explorar la presentación que se le ofrece son todos ellos aspectos a considerar tanto para la situación educativa como para el propio entrenamiento en sus habilidades de percepción visual y por supuesto, también en las situaciones de evaluación.

En definitiva, las ayudas instrumentales persiguen aprovechar al máximo las potencialidades del aparato visual del sujeto, y para ello puede ser preciso mejorar por una parte, tanto las características del estímulo como la calidad con que la información estimular llega al sujeto. Pero al mismo tiempo, hay que tener en cuenta que el propio sujeto tiene que aprender a aprovechar todas las claves sensoriales que recibe y, aún más, ha de saber cómo mejorar las condiciones en que recibe la información ambiental utilizando "trucos" sobre como situarse ante el estímulo, como aprovechar la iluminación y evitar reflejos, como producir el mejor contraste, cuanto tiempo debe dedicar a una exploración visual, etc.

En cualquier caso, los otros sistemas sensoriales han de ser aprovechados al máximo, e incluso de forma muy específica en algunas situaciones particulares.

*5.2. Aprendizaje y desarrollo visual:*

La eficiencia visual puede definirse como el grado o nivel en que la visión es aprovechable por la persona para obtener información.

En el niño con visión normal el desarrollo dela eficiencia visual se logra normalmente de una forma natural y espontánea. El niño va mirando paulatinamente con mayor sistematicidad, va perfeccionando la capacidad de concentrar su atención ante un sinfín de oportunidades. Un niño con alteraciones graves de la visión va a tener escasas o nulas posibilidades de recoger información incidentalmente a través del sentido de la vista y precisa de una secuencia ordenada de experiencias visuales.

Los programas de estimulación visual, consecuentemente, están diseñados para ayudar a los niños con deficiencias visuales graves a encontrar sentido a lo que ven, a saber interpretar las sensaciones que perciben.

Una adecuada estimulación, la experiencia previa, la motivación a ver, el cultivo de la atención, las necesidades que le van a surgir y el aprendizaje harán que las capacidades visuales innatas se realicen y se perfeccionen; para que esto ocurra se necesitará de una guía y de una planificación.

### 5.2.1 La estimulación visual en el marco del desarrollo:

Hemos de considerar la estimulación visual como un aspecto más del desarrollo del niño, y, paralelamente a esto, el niño funcionará visualmente mejor cuanto más competente sea el resto de las demás áreas de desarrollo.

El proceso estimulador debe hacerse en los primeros años de la vida, cuando aun el desarrollo de la percepción no se ha completado y podamos influir favorablemente. Cuanto antes empecemos a ofrecer al niño con deficiencias visuales nuevas experiencias, tanto más éxito conseguiremos.

Todo esto implica que a lo largo de la primera infancia deberemos provocar una estimulación precoz a los niños deficientes visuales graves y una adaptación curricular a los que ya han entrado en la etapa preescolar.

*5.3. Programas de estimulación visual:*

El estado y funcionamiento de las estructuras del ojo, el aspecto perceptual cognitivo del ver y los sentimientos y actitudes psicológicas del sujeto son factores que van a determinar el proceso de aprender a ver.

Si el niño deficiente visual desea aprender a ver, mirará y probará repetidamente, retardando su nivel de fatiga. El niño motivado en la utilización de su resto visual, por debajo que este sea, trabajará para alcanzar el máximo nivel de funcionamiento posible a ese resto.

El desarrollo de la capacidad visual requiere de un entrenamiento específico en los sujetos cuyas anomalías en el sistema de la visión obstaculizan gravemente el desarrollo normal.

Es preciso tener en cuenta las siguientes condiciones en el procedimiento a seguir en el desarrollo del funcionamiento visual.

1. El desarrollo de la capacidad visual no es innato ni automático.
2. La capacidad visual no está determinada por la agudeza visual, ni se relaciona con el grado ni el tipo de anomalía.
3. La capacidad visual se puede desarrollar a través de programas secuenciados de experiencias visualcs.

La fundamentación teórica que los sustentan son la base de la secuencia de actuación en cada uno de ellos.

1. La concreción del nivel inicial del funcionamiento visual.
2. La evaluación del nivel inicial del funcionamiento visual.
3. La identificación de las conductas visuales específicas a desarrollar.
4. La secuenciación de las experiencias que promueven el aprendizaje.
5. Los determinantes materiales e instrumentos a utilizar en las distintas actividades.
6. De los programas más utilizados dentro del ámbito de los equipos especializados en baja visión vamos a poner como ejemplo el:

### 5.3.1 Consideraciones Respecto a la Aplicación de los programas de estimulación visual en la escuela:

A pesar de las actividades correspondientes a los programas para desarrollar la eficacia en la función visual responden a una secuencia en el desarrollo de la visión, se hace necesario precisar algunos aspectos que pueden darse en la aplicación de los mismos.

A) Las personas de la cisión deficiente de cualquier edad pueden no ser capaces de realizar tosas las actividades visuales ni en la secuencia presentada.
B) Toda tarea debe ser intentada proporcionando ayuda antes de ser realizada aunque aun asi puede que el desarrollo no se produzca de la manera deseada.
C) Las tareas visuales tienen un desarrollo dispar, aparecen a distintos ritmos, e incluso espontáneamente.
D) La habilidad para realizar algunas tareas visuales puede responder a patrones muy primitivos por largos periodos de tiempo.
E) Ha de tenerse en cuenta que:
    - Una misma tarea visual debe ser aprendida en distintas condiciones de iluminación.
    - Una persona con baja visión tiene características únicas y capacidades de adaptación que influyen en la realización de las tareas cuando las condiciones ambientales varían.
F) Las tareas visuales deben ser realizadas usando los medios ópticos apropiados para cada circunstancia.

Por razones tales como que los profesores de aula no cuentan generalmente con la formación específica y que además o siempre disponen del tiempo que la estimulación visual muy individualizada requiere, se entiende que los programas dirigidos al desarrollo en la eficacia de la capacidad visual deben llevarse a cabo por los especialistas en baja visión.

Sin embargo, los profesores deben alentar el uso de la visión en todas las ocasiones que se les presentarán a lo largo de la jornada escolar y promover en el aula tareas en las que debe participar el deficiente visual grave.

### *5.4. La deficiencia visual y el lenguaje:*

La falta de vista no impide el desarrollo lingüístico normal porque la habilidad para producir sonidos es innata, pero tampoco la propicia. Es la relación con los adultos y el mundo exterior la que va a estimular o frenar el desarrollo lingüístico.

El aprendizaje del lenguaje debe estar ligado al contacto vivencial con las personas y objetos del mundo circundante. En general hay que buscar la manera de explicar los términos en forma práctica.

## 6. ESTIMULACIÓN MULTISENSORIAL:

La percepción sensorial constituye el fundamento del conocimiento. Por ello, no es casual que la pedagogía moderna conceda un valor extraordinario al entrenamiento de los sentidos ya en la etapa precoz a la vida del niño.

Es necesario que haya una estimulación sistemática y adecuada, que abarque a todas las capacidades. El abordaje multisensorial es particularmente útil para despertar la conciencia en el niño de la presencia de sensaciones, adquiriendo de este modo la información a través de las partes de su cuerpo.

Lo que el niño toca, oye, huele, ve y le gusta es interiorizado y almacenado como un modelo que corresponde al medio y determina su conocimiento acerca del mundo y de sí mismo con respecto a ese mundo. La información que llega por los sentidos es recibida, interpretada, combinada y conservada en el cerebro. La adquisición del lenguaje facilita la integración de las impresiones sensoriales, las que permiten al aprendizaje ordenar el material almacenado. El lenguaje actúa también como un medio de intercambio con los otros para clarificar y verificar las impresiones sensoriales. La relación entre las ideas se desarrolla mediante la capacidad para distinguir semejanzas y deferencias entre las sensaciones táctiles, visuales, auditivas, olfativas y gustativas. La integración de los miles de "pedacitos" de información concreta recibida a través de los sentidos en un grupo unificado de conceptos acerca de las personas y las cosas, proporciona el conocimiento funcional para el pensamiento abstracto.

El niño emplea en su aprendizaje búsqueda, selección ordenación y programación de la información, lo que se convierte en un esquema individual consistente. Este concepto de esquemas de aprendizaje individuales únicos señala la necesidad de la enseñanza individualizada si se quiere lograr un máximo aprendizaje. Con este concepto, es fácil entender que tanto padres como maestros deben comprender y aceptar las estrategias de aprendizaje preferidas por cada niño.

### *6.1. Progresión del aprendizaje.*

Hay que conocer los términos empleados para hablar del aprendizaje sensorial y el tipo y calidad de la información que se recibe a través de los diferentes sentidos. La palabra discriminación se refiere a la habilidad para notar las deferencias o semejanzas entre objetos o materiales, saber si lo que se recibe es idéntico o distinto a otra cosa. Reconocimiento significa capacidad para dar el nombre a un objeto o material específico, saber identificarlo.

La discriminación y el reconocimiento permiten al niño desarrollar percepciones sobre lo que ve, oye, huele, palpa o gusta. Cuando puede dar significado, comprende e interpreta la información que llega mediante los sentidos, entonces percibe la información y puede utilizarla, o sea, la selección perceptiva se logra cuando se recibe una información y se encuadra con lo previamente conocido, de forma que se logra un nivel distinto de comprensión.

### *6.2. Estimulación táctil.*

Es necesario que al niño de baja visión se le enseñe de forma más sistemática a usar el sentido del tacto como forma de aprendizaje y reconocimiento de los objetos de su medio.

La privación de visión convierte el sentido del tacto en una de las principales fuentes de información.

Lo ideal es proporcionar objetos reales al niño y estos deben ser llamados por su nombre. Además el ejercicio con diversos tamaños incrementa la conciencia del niño.

Hay que incentivar al niño desde los primeros meses de visa a que toques los objetos de su entorno, a que examine para que, a través de esta experiencia pueda poco a poco adquirir una idea fidedigna del mundo que le rodea.

### *6.3. Estimulación auditiva.*

Es muy importante porque a través de este sentido el niño deficiente no sólo llega al lenguaje sino que puede diferenciar personas, animales y objetos.

Si el niño es expuesto a voces humanas el niño obtendrá una gran significatividad. La búsqueda de sensaciones auditivas lleva al niño a los juegos vocales con los sonidos que emiten las otras personas. Este proceso de imitación establece un fuerte lazo entre el niño y el mundo sonoro. La imitación de los sonidos es esencial para el desarrollo futuro del lenguaje porque al imitar el niño internaliza los sentimientos de placer necesarios para repetir y clarifica la producción de sus propios sonidos.

### *6.4. Estimulación gustativa y olfativa.*

El niño debe reconocer aquellos sabores y olores que son propios de su entorno y siempre que sea posible, asociarlos con la forma, la textura, el color, etc.

## 7. EL SISTEMA BRAILE:

El Sistema Braille fue introducido en España en el año 1840 por Jaime Bruno Berenguer, profesor de la escuela municipal de ciegos de Barcelona. Tras superar diversas vicisitudes, en 1981 fue declarado como método oficial de lectura y escritura de los ciegos.

### *7.1 Características del Sistema:*

El Braille se define como un sistema de lectoescritura táctil para ciegos, basado en la combinación de seis puntos de relieve, dispuestos en dos columnas verticales y paralelas de tres puntos cada una.

(1)■ ■ (4)
(2)■ ■ (5)
(3)■ ■ (6)

Este signo, formado por los seis puntos, se denomina signo generador o elemento universal del sistema Braille o generador Braille.

A partir de estas seis posiciones se pueden realizar 64 combinaciones diferentes. Braille organizó estas combinaciones en series o grupos de 10 caracteres cada uno, siguiendo unas normas muy simples y pensando en las necesidades del alfabeto francés por lo que en español existen algunas diferencias considerables.

En Braille no existe signo para el acento ortográfica, así las vocales acentuadas tienen su propia representación.

Para representar una letra o un símbolo se emplea un solo cajetín, que es un rectángulo vertical que tiene la posibilidad de albergar los seis puntos. Entre dos palabras se deja siempre un cajetín en blanco.

No obstante existen símbolos en Braille sin transcripción alguna, sin representación directa en tinta, como por ejemplo el paréntesis auxiliar en Braille que se usa para evitar equívocos en funciones matemáticas.

Aun así existen signos en Braille que no teniendo transcripción en tinta por sí mismos, modifican al signo al que preceden. Son los prefijos. Con estos se convierte cualquier letra en mayúscula, minúscula o cursiva.

### *7.1.1 La Lectura en Braille:*

La lectura en Braille no presenta excesiva dificultad respecto a la lectura en tinta. Los elementos básicos en el proceso de adquisición de la lectura son los mismos para ciegos y videntes.

Por tratarse de un sistema lectoescritor que usa un código diferente al alfabeto en tinta, requiere de un aprendizaje distinto.

La lectura mediante el tacto se realiza letra a letra y no a través del reconocimiento de las palabras completas, como sucede en tinta. Por ello se trata de una tarea lenta en un principio, que requiere de una gran concentración difícil de alcanzar a edades tempranas.

La velocidad media de lectura de un ciego viene a ser de unas 100 palabras por minuto. En los niños el ciego tarda más en el adiestramiento lector que el vidente. Hasta que no finaliza la Educación Primaria, los sujetos ciegos escolarizados siguen haciendo progresos notables en su aprendizaje de la lectura y escritura.

La máxima velocidad lectora de un ciego adulto será generalmente inferior a la mitad que alcanza la media de los universitarios videntes, parece como si existiera un límite absoluto en la velocidad de la lectura táctil. Esto es debido a que el campo perceptivo es muy superior en la lectura visual con respecto a la táctil, donde se fuerza a leer letra a letra imponiéndose así una gran carga a la memoria operativa.

Factores que intervienen en el proceso:

1. El estímulo personal por aprender.
2. El apoyo de los demás.

3. La edad en que se comience a aprender.
4. El grado de desarrollo del tacto.
5. La forma en que se lleve a cabo el aprendizaje.

Para leer debemos cuidar la postura, no solamente la del cuerpo, sino también la de las manos. Los brazos deberán colocarse simétricos al papel, las manos deberán estar distendidas y relajadas, tocando los puntos con las yemas de los dedos con suavidad, ya que una presión excesiva sobre los puntos puede borrarlos.

Normalmente son los dedos índices los que leen, deslizándose ligeramente de izquierda a derecha. Debe evitarse el movimiento de arriba abajo o viceversa, o los de rotación en torno a los puntos de una letra. Esta tendencia se manifiesta mucho en los niños pequeños y también en los adultos que han perdido la visión.

### *7.1.2 La Escritura del Braille:*

La escritura es más rápida que la lectura y suele presentar menos dificultad.
Un texto en Braille puede ser elaborado a mano o a máquina.

#### a. La escritura a mano:

Para escribir a mano se precisa disponer de una pauta o de una regleta, de un punzón y de un papel.

Debemos tener en cuenta los siguientes principios:

1. Para que la lectura de lo escrito a mano pueda realizarse normalmente de izquierda a derecha, es necesario empezar a escribir de derecha a izquierda, invirtiendo la numeración de los puntos del cajetín. De esta manera el rehundido que se hace al escribir quedará como un punto en relieve situado en el lugar correcto cuando se le da la vuelta al papel.
2. Antes de empezar conviene adquirir precisión mecánicamente en el punteado, por lo que se pueden hacer series de puntos.
3. Todos los puntos deben tener un relieve idéntico. Para ello hay que adquirir una gran precisión mecánica.

**b. La escritura a máquina:**

Una máquina para la escritura en Braille contiene 6 teclas, una para cada uno de los puntos del cajetín generador de Braille. También tiene un espaciador, una tecla para el retroceso y otra para el cambio de línea.

El modelo denominado **Perkins –Brailler** es la máquina más usada.

Las teclas se pueden pulsar cada una por separado o bien simultáneamente, permitiendo construir la combinación que constituye un elemento Braille de una sola vez.

Cada tecla debe pulsarse con un dedo determinado, de forma que la escritura se realiza con la máxima rapidez y el mínimo esfuerzo posible, procurando que la disposición de las manos sea lo más cómoda y eficiente posible.

*7.2 La enseñanza del Braille:*

Como cualquier niño, el ciego necesita haber adquirido un cierto grado de desarrollo madurativo en diferentes áreas para poder iniciarse en las destrezas básicas de lectura y escritura.

El entrenamiento táctil ha de ser muy superior al del niño vidente, aunque ambos necesitan adquirir conceptos a través de su desarrollo motor, el ciego, no solo habrá de utilizar sus destrezas motoras finas para manejar los instrumentos para la escritura, sino que el tacto será su única fuente de información en el proceso de adquisición de la lectura.

Cuantas más actividades de discriminación auditiva se le proporcionen al niño tanto en casa como en el colegio, mayor grado de habilidad alcanzará para identificar/ discriminar sonidos, palabras, secuencias, ritmo de la frase, entonación,...

Los niños ciegos necesitan ser estimulados y motivados para obtener experiencias táctiles.

Cada acción que el niño vidente aprende gracias a la observación y a la imitación, el ciego deberá adquirirla tras sucesivas repeticiones y con la ayuda del adulto.

En este proceso es imprescindible nombra frecuentemente los objetos que se presentan al niño, y hacer que se produzcan sonidos, a la vez que les enseñamos a jugar con ellos. El niño debe adquirir destrezas y conceptos en las distintas áreas del desarrollo previos a la iniciación en la lectoescritura en Braille.

## 8. LA INTEGRACIÓN DE LOS ALUMNOS DEFICIENTES VISUALES:

### *8.1 En el centro ordinario:*

El centro ordinario deberá atender a las necesidades educativas de los alumnos/as del entorno donde esté ubicado, y por lo tanto tendrá que:

- Acoger a todos los alumnos/as en edad escolar que lo requieran, independientemente de sus características.
- Dar soluciones, en la medida de lo posible, a todas las necesidades de estos alumnos/as.
- Plantear con cada alumno/a unos objetivos de futuro poniendo los medios humanos, técnicos y materiales necesarios para que estos puedan tener un papel en la sociedad.
- Organizar el centro, tanto a nivel pedagógico como físico, para potenciar actitudes comunes que integren a todas las personas del grupo escolar.

Si la estructura del centro es correcta facilitará el desarrollo individual y social de todos los alumnos/as escolarizados, respetando tanto la evolución grupal como las diferencias individuales.

#### *8.1.1 El alumno con deficiencia visual grave en el aula ordinaria:*

Las características del aula que habitualmente son necesarias para la atención a las personas con deficiencias visuales son:

- Un espacio donde desarrollarse.
- La garantía de que el alumno/a será informado de los cambios introducidos en la organización espacial por pequeños que estos sean.
- La adaptación del material a sus necesidades.
- El sustento técnico que requiera el programa del aula.

Uno de los elementos más importantes en el proceso educativo es la relación que establece el alumno/a con el profesorado, así como el resto de compañeros del grupo. Las actitudes a potenciar en el profesor/a frente a personas con deficiencia visual:

- El adulto debe evitar el miedo a relacionarse con el deficiente visual a través de una correcta información.
- Usar las palabras del vocabulario habitual que tiene referencia con la visión de forma natural y cuando la situación lo requiera.
- Cuando nos presentamos, identificarnos de forma inequívoca o bien dar opción a que ella nos pregunte.
- Al dirigirnos a una persona deficiente visual lo haremos de manera que esté segura de que nos dirigimos a ella y hacerle notar el final de la conversación para que no se quede hablando sola.
- No dejar de utilizar gestos y expresiones que se usan habitualmente.
- No dejarse llevar por la dinámica de la persona con ceguera, y por compasión o paternalismo dejar que sea ella la que marque siempre las pautas.
- En el caso de alumnos con deficiencia visual grave, motivarlo para que use la visión, ayudarle a vivir con su deficiencia, enseñarle lo que los demás ven, centrar al alumno con respecto al objeto que desea ver y tener en cuenta que siempre será más lento al realizar las tareas, especialmente la escritura y lectura comprensiva.

## III. PARÁLISIS CEREBRAL

### 1. DEFINICIÓN:

Actualmente, algunos autores definen la parálisis cerebral como una lesión general que abarca varios trastornos específicos, los cuales se caracterizan por una lesión en los centros motores del encéfalo y se manifiestan por una pérdida del control.

A nivel general también se define como un trastorno del control motor, del tono, del movimiento y de la postura causada por una lesión cerebral no progresiva a nivel encefálico, producido en el niño antes, después o durante el nacimiento.

La parálisis cerebral no permite o dificulta los mensajes enviados por el cerebro hacia los músculos, dificultando su movimiento. Hay diversos tipos de parálisis cerebral dependiendo de los tipos de órdenes cerebrales que no se producen correctamente. Muchas de las personas afectadas de parálisis cerebral tienen una combinación de dos o más tipos. Unas pueden estar muy afectadas en todo su cuerpo, otras pueden tener dificultades para hablar, caminar o para usar sus manos; otras serán incapaces de sentarse sin apoyo y necesitarán ayuda para la mayoría de las tareas diarias.

Los rasgos más característicos y a la vez más importantes son los siguientes:

- Aparece precozmente en la etapa de desarrollo más importante, es decir, en la del desarrollo del cerebro.
- Persiste a lo largo de toda su vida con escasa tendencia a la mejoría.
- Tiene un trastorno motor de carácter crónico como elemento característico.
- La lesión neurológica no es progresiva.

Una persona con parálisis cerebral puede tener alguno o la mayoría de los siguientes síntomas, ligera o más gravemente:

-Movimientos lentos, torpes o vacilantes

- Rigidez
- Debilidad
- Espasmos musculares
- Flojedad
- Movimientos involuntarios.
- El inicio de un movimiento a menudo desemboca en otro movimiento involuntario, por lo que algunas personas con parálisis cerebral desarrollan patrones de movimiento diferentes a los que pueden producir otras alteraciones.

**2. ETILOGÍA:**

Dependiendo del desarrollo neurológico en el que la P.C. actúe, podemos distinguir:

- Factores genéticos:
  - Estáticos: atetosis familiar, paraplejia familiar o temblor familiar.
  - Progresivos: enfermedad de origen vital o indeterminado.

- Factores prenatales o embriopatías: la lesión es ocasionada durante el embarazo. Estas no son muy frecuentes, ya que corresponden al 1 o 2 por ciento de los casos de P.C.
  - Periodo embrionario: desde la concepción hasta el cuarto mes de embarazo. Las lesiones ocasionadas se denominan embriopatías y pueden ser debidas a la rubéola, sífilis, el herpes o la hepatitis; y pueden dar lugar a malformaciones cerebrales, oculares, auditivas, viscerales o cardíacas.
  - Periodo fetal: comprende desde el cuarto mes de embarazo hasta el final. Las lesiones ocasionadas durante este periodo se denominan feopatías y el feto ya tiene cierta autonomía con alguna manifestación del sistema nervioso mediante movimientos. Si la madre contrae enfermedades intrauterinas y el feto no muere, esas enfermedades le dejarán secuelas.

- Factores perinatales: corresponden al 88% de los casos de P.C. y es cuando las lesiones cerebrales son ocasionadas en el momento del parto por shock técnico, anestesia, traumatismos, cambios súbitos de presión o avitaminosis K.

- Factores postnatales: son aquellas enfermedades más frecuentes en la infancia, como por ejemplo la meningitis o la encefalitis entre otras.
- Factores de predisposición: como la prematuridad o la edad avanzada de la madre.

**3. CLASIFICACIÓN:**

La parálisis cerebral se puede clasificar teniendo en cuenta la topografía, el tipo, el grado, el tono y las disfunciones asociadas. Así mismo:

- Teniendo en cuenta la TOPOGRAFÍA, que hace alusión a la parte afectada del movimiento:
    - Monoplejia: cuando la parálisis afecta a una sola extremidad.
    - Hemiplejia: si la parálisis afecta a la extremidad superior e inferior del mismo lado.
    - Diplejia: cuando se encuentra en ambas extremidades inferiores y los brazos de forma incompleta.
    - Paraplejia: la parálisis se encuentra en las extremidades inferiores.
    - Triplejia: cuando existe un brazo menos afectado que los otros tres miembros.
    - Tetraplejia: cuando la parálisis afecta a las cuatro extremidades.

- La clasificación basada en el TIPO se basa en los movimientos disociados y tendríamos:
    - Espasticidad: cuando se localiza una lesión en la haz piramidal consistente en un incremento acentuado del tono muscular, los movimientos rígidos, bruscos y lentos. Se trata de una disarmonía en los movimientos musculares producida por un aumento exagerado del tono. Podemos observar una exagerada

contracción cuando los músculos están en extensión. Ésta interfiere con la realización de movimientos voluntarios, caracterizándose por la existencia de espasmos musculares cuando el sujeto desea realizar una acción. Generalmente, el niño espástico muestra un movimiento lento pero organizado.

- Atetosis: consiste en una lesión en el haz extrapiramidal que se caracteriza por una dificultad en el control y coordinación de los movimientos voluntarios. Se trata de movimientos involuntarios, sobre todo en los dedos y en la muñeca, aunque dependiendo de la gravedad, puede estar también afectado el control de la cabeza y del tronco.

- Ataxia: consiste en una lesión localizada en el cerebelo y se trata concretamente de los movimientos voluntarios debida a una alteración del balanceo, la postura, etc. Se caracteriza por inestabilidad en la marcha que se asemeja a que tienen las personas ebrias con descoordinación motora tanto fina como gruesa. Generalmente, el niño que tiene ataxia cuando camina lo hace con los brazos abiertos, de forma inestable, proporcionando esto que se caiga con frecuencia. Se trata por tanto de una dificultad para medir la fuerza, la distancia y dirección de los movimientos, lo que hace que sean sujetos lentos y torpes.
- Tipos mixtos: es cuando se combina la espasticidad y la atetosis, la atetosis y ataxia o ataxia y espasticidad.
- Rigidez: es una hipertonía marcada que puede incluso llegar a impedir todo movimiento.
- Temblores: son movimientos breves y rápidos de carácter oscilatorio y rítmico.

- Según el GRADO, la clasificación depende de severidad o intensidad tanto en comunicación como en movilidad:
  - Formas leves: sólo está afectada la precisión que requieren los movimientos finos. El desplazamiento puede ser autónomo aunque pueden existir dificultades de equilibrio o coordinación. En

cuanto al habla, no experimenta ninguna dificultad de expresión, aunque pueden aparecer pequeños problemas articulatorios. Hay que tener en cuenta que realiza sus necesidades por sí solo.

  - Formas moderadas: están afectados tanto los movimientos finos como los gruesos. Tienen dificultades en la marcha, por lo que puede andar pero necesita de la ayuda de bastones o andadores, por ejemplo. En cuanto al habla, aunque se le entiende, suele tener problemas de pronunciación y no puede atender sus propias necesidades.
  - Formas graves: hay una falta bastante grave para realizar adecuadamente actividades de la vida diaria como caminar o hablar. Es una invalidez sin capacidad para la expresión ni la marcha. En este caso hay muy pocas posibilidades de reeducación.

- En la clasificación basada en el TONO nos basaremos tomando como referencia el tono muscular en reposo:
  - Isotónicos: el tono es normal.
  - Hipertónicos: el tono se encuentra incrementado.
  - Hipotónicos: se da una disminución del tono.
  - Variable: tono inconsistente.

- Por último, basándonos en las DISFUNCIONES SOCIALES, es decir, posibles disfunciones que pueden acompañar a los trastornos motores:
  - Trastornos de aprendizaje: dificultades específicas, secundarias a los desórdenes que dependen del tipo y del grado.
  - Trastornos emocionales: asociados fundamentalmente con factores familiares o biológicos y de forma secundaria al tipo y grado.
  - Trastornos conductuales: ansiedad, etc.
  - Trastornos de percepción: existe una falta de coordinación entre la visión, la estabilidad de la postura, etc. También configuran las dificultades en la lateralidad.
  - Trastornos sensoriales: estos pueden ser de audición, tanto de transmisión como de percepción, o de vista, que pueden ser

trastornos de elaboración central, integración y asociación visual, de agudeza visual y de motilidad.

- Trastornos psíquicos: se pueden caracterizar por una dificultad en establecer relaciones con personas y mejor relación con los objetos, una respuesta anormal a estímulos usuales, una fuerte tendencia a evitar cambios, etc.

## 4. AREA PERCEPTIVO-COGNITIVA:

*A/ DEFICIENCIAS ASOCIADAS EN EL NIÑO CON PARÁLISIS CEREBRAL:*

Nuestro cerebro posee multitud de funciones, que a su vez están asociadas entre sí, por lo que una lesión cerebral puede afectar a una o varias de estas funciones, por lo que es frecuente que los trastornos del movimiento puedan ir acompañados por alteraciones en otras funciones, es decir, trastornos del lenguaje, auditivos, visuales, del desarrollo mental, de la personalidad, atención y de la percepción.

*B/ NOCIONES SOBRE EL DESARROLLO DE ESTOS NIÑOS:*

Los niños afectados por parálisis cerebral presentan así una serie de alteraciones en su desarrollo psicológico, derivadas, como se mencionó antes, de su trastorno neuromotor. Todo esto influirá en la forma de cómo el niño se percibe a sí mismo y al mismo tiempo de lo que lo rodea y necesitará una atención especial por parte de profesionales especializados.

En cuanto a los problemas de desarrollo derivados de la lesión cerebral, se dan trastornos en el desarrollo psicomotor (control postural, manipulación, deambulación, etc) de mayor o menor gravedad y también en el desarrollo y del habla y del lenguaje.

En cuanto al desarrollo cognitivo, se puede hablar fácilmente de características específicas derivadas directamente de la lesión cerebral. Los retrasos o anomalías que se observen son consecuencia del déficit motor que altera las posibles experiencias del niño tanto en relación al mundo físico como social y puede afectar su sentido de autoeficacia y disposición y motivación para el aprendizaje.

## 5. SISTEMA NEUROMOTOR:

El ambiente influye en el sistema nervioso central modificando las relaciones funcionales entre los distintos elementos del mismo. No se trata de buscar la localización concreta del daño cerebral, sino de determinar cuáles son las estructuras responsables de la realización de cada función.

Al mismo tiempo, la organización del sistema nervioso es jerárquica y paralela ya que se trata de una interconexión secuencial de neuronas simples y complejas que están bajo la influencia de distintas interconexiones.

En cuanto a la citoarquitectura da las capas del córtex, éste se rige por el principio de jerarquización funcional, según el cual unas áreas reciben información que envían a otras áreas donde se procesa y termina en otras áreas encargadas de programar los mecanismos de interacción con el medio. El cerebelo, a su vez, es también una parte importante en el sistema motor, es un centro primario de coordinación sensomotriz, donde cada parte tiene una función determinada.

En cuanto al sistema funcional del movimiento, la localización cerebral a partir de las manifestaciones externas que exhibe el niño con discapacidades motoras es bastante complejo. Se necesita de aparataje sotisficado como tomografía axial computerizada o electroencefalografía y también de personal muy especializado.

De cara al trabajo psicoeducativo debe quedarnos claro que no podemos generalizar de un caso a otro, ya que cada problema tiene entidad en sí misma y además el maestro debe estar en una constante actitud investigadora respecto a los posibles estímulos que debe aportar al niño con parálisis cerebral.

También debemos tener en cuenta el análisis de la relación entre funcionamiento psicológico y el resto de sistemas funcionales, pues ello nos ayuda a clarificar el controvertido tema de las posibles disfunciones adquiridas.

Las neuronas establecen miles de sinapsis que se reorganizan cuando alguna zona cerebral se daña, los nexos interfuncionales varían y se pueden llegar a compensar de alguna manera, gracias al apoyo psicoeducativo. En esta idea nos debemos basar para establecer nuestra tarea correctiva de las funciones dañadas.

## 6. ÁREA MOTRIZ:

### *A/ COMPONENTES DEL MOVIMIENTO:*

El movimiento, en general, se puede dividir en cinco componentes:

1. Estímulo: o excitación del músculo que produce el movimiento como por ejemplo el dolor, calor, sonidos, etc.

2. Tono: o aptitud que una parte del organismo tiene para realizar un movimiento. De su correcta distribución y redistribución depende la realización correcta del movimiento.

3. Sinergias: son los patrones de flexión y extensión que se dividen en:
    - Sinergia flexora del brazo.
    - Sinergia flexora de la pierna.
    - Sinergia extensora del brazo.
    - Sinergia extensora de la pierna.

    En relación con el P.C. las sinergias aparecen como una síntesis de flexión y extensión.

4. Orientación: es el conocimiento del propio cuerpo en relación al espacio que le rodea; depende de factores como la vista, el oído, el sistema equilibratorio, etc.

5. Fuerza: es la combinación del tono y la potencia muscular, que aunque son factores independientes, funcionan al unísono y puede predominar uno sobre el otro. Con respecto al P.C, la desproporción entre estos dos factores produce una ineficacia gradual en los movimientos.

*B/ MOVIMIENTOS EN EL PARALÍTICO CEREBRAL:*

En un estado normal, la coordinación de los movimientos se logra por medio del sistema piramidal y del sistema extrapiramidal, que controlan los movimientos voluntarios. Si estos sistemas fallan las consecuencias son las siguientes:

1. Espasticidad: es un fallo en el sistema piramidal al hacerse los movimientos voluntarios más lentos, ya que el músculo tarda en relajarse. El reflejo de estiramiento a su vez aumenta.

Las características son la hipertonia y la exageración en el reflejo de tracción.

2. Disquinesias: o movimientos anormales. Es un fallo en el sistema extrapiramidal que se compone de tres factores: tono, postura y movimientos involuntarios, que, a su vez, dan lugar a tres tipos de disquinesias según domine un u otro factor. El sueño, medicamentos, etc. también provocan que éstas varíen.

   Como características hay que decir que un estímulo produce una cadena de movimientos, hay un dominio del tono extensor y poca influencia de las sinergias.

3. Maduración: en un estado normal, un niño pasa de los movimientos involuntarios a los voluntarios, pero en el P.C. se vuelve a los involuntarios.

*C/ FASES DEL MOVIMIENTO:*

1. Espástico:
   - Etapa de flacidez.
   - Aumento del tono en extensores y apremiadores de piernas y brazos.
   - Respuesta a estímulos por medio de sinergias extensora en piernas y extensora en brazos.
   - Respuesta invertida.

- Movimiento voluntario utilizando sinergias.
- Combinación sinergia extensora flexora.
- Movimientos voluntarios aislados en articulaciones proximales.
- Disminución de espasticidad.
- Prensión voluntaria.
- Movimientos aislados en articulaciones dislates.

2. Disquinésico:
    - Disminución del tono.
    - Aumento del tono.
    - Respuesta a los reflejos tónicos laberínticos.
    - Respuesta a los reflejos tónicos del cuello.
    - Respuesta a los reflejos de enderezamiento.
    - Aparición de patrones de movimiento bajo control voluntario.
    - Dilución progresiva de los patrones rígidos y posibilidad de combinar más movimientos.

*D/ INTERVENCIÓN:*

La intervención en el área motriz del paralítico cerebral estará en estrecha relación con lo que el niño realice en el aula. Los métodos que se utilicen deben ser conocidos por los padres para que puedan continuar el trabajo en casa.

Esta intervención debe comenzar con una evaluación inicial en la que trabajará un equipo multiprofesional formado por neurólogos, psicólogos, psiquiatras, fisioterapeutas, etc. Y trabajarán coordinadamente durante todo el tratamiento que ha de ser global para que el niño adquiera habilidades de todo tipo, y no que cada profesional se ocupe sólo de la parte que le toque.

Los métodos de tratamiento se dividen de la siguiente manera:

1. Movimiento progresivo (**Temple Fay**): para producir la evolución en el movimiento: arrastre-cuadrupedia-posición erecta.

2. Facilitación neuromuscular progresiva (**Kabat**): son técnicas que facilitan el movimiento basándose en la ubicación de la hipertonía: flexión-extensión y separación-aproximación.

3. Modelos de arrastre (**Vojta**): basado en los dos anteriores estimula los "puntos de disparo" como consecuencia del arrastre.

4. Habilitación precoz (**Katona**): trata de llegar al movimiento complejo adiestrando y normalizando los más simples.
5. Desarrollo neurológico con inhibición y facilitación de los reflejos (**Bobath**): busca inhibir los movimientos anormales, lograr los patrones posturales y de movimiento normales, aumentar el tono postural normal y regular el funcionamiento muscular.

   Con este método se busca el desarrollo de los movimientos automáticos a partir de los esquemas de la infancia sobre los cuales se construyen los primeros.

6. Terapia ocupacional: con este método se busca una mayor habilidad en destrezas, desde las habilidades de autonomía hasta la formación hacia el mercado laboral. El terapeuta ocupacional debe estar en coordinación con el equipo multiprofesional.

*E/ TÉCNICAS DE INHIBICIÓN REFLEJA: P.I.R:*

Se basa en la normalización del tono muscular anormal en el P.C. a fin de que, manteniéndole activamente normalizado, enseñar al niño los movimientos automáticos o voluntarios normales.

Esta técnica está compuesta por las posturas de inhibición reflejas (P.I.R), es decir, esquemas posturales contrarios a los anormales propios del P.C.

A la hora de la práctica de la P.I.R. hay que seguir una serie de pasos:

1. Colocación inicial pasiva.
2. Tener en cuenta la totalidad del cuerpo en cada postura.

3. Mucho cuidado.
4. Evitar el dolor.
5. Primero se coloca la cabeza, hombros, tronco y caderas.
6. Si no se logra una postura pasar a otra.
7. Intentar la adaptación hasta que el niño disminuya la resistencia.
8. Se puede dar crisis y se debe repetir la inhibición de éstas.
9. No se logra la inhibición de un esquema postural por el contrario.

Las distintas P.I.R. son:

**1.** Decúbito supino.
**2.** Decúbito prono o ventral.
**3.** Sentado sobre talones.
**4.** Gateo.
**5.** Desde posición de rodillas.
**6.** Sentado.
**7.** Bipedestación.

En cuanto a las TÉCNICAS DE FACILITACIÓN se logra que el sujeto realice movimientos voluntarios, una vez que después de las P.I.R. el tono se haya normalizado. En vez de forzar al paciente o mostrar los movimientos, se le coloca en posturas que le predispongan a hacer esos movimientos. En estas técnicas, al igual que en las P.I.R. hay unos puntos clave en el cuerpo que son la cabeza, los hombros, la cadera y el tronco; y dependiendo de la tipología a tratar, cambiará la aplicación de las técnicas entre simultaneidad y posterioridad. Actividades como golpear o presionar ayudan en estas técnicas al ayudar al aumento o disminución del tono muscular.

## 7. ÁREA DEL LENGUAJE:

Con frecuencia la parálisis cerebral se manifiesta en el área del lenguaje, viéndose afectadas formas de expresión como la mímica, los gestos y la palabra, al necesitar y estar basadas en movimientos finamente coordinados.

Desde el nacimiento se observa una evolución anormal de la motricidad de los órganos que intervienen en la absorción de alimentos, y posteriormente van a intervenir en la producción del lenguaje. La ausencia de los reflejos referidos a la alimentación traen como consecuencia la inhibición de los mismos frenando el desarrollo de las etapas para beber, tragar, masticar, balbucear, etc.

Los trastornos referidos al lenguaje expresivo tienen su causa con espasmos de los órganos de la respiración y del órgano fonatorio. También se van a presentar trastornos en la producción de las palabras, tomando la forma de un lenguaje a saltos, con pausas respiratorias extrañas, e incluso la reunión de frases debido a una respiración superficial y/o arrítmica. Son muy significativos los retrasos en el desarrollo del lenguaje comprensivo que pueden ser debidos a trastornos auditivos, a lesiones suplementarias de las vías nerviosas, a una falta de estimulación lingüística o a la existencia de modelos lingüísticos insuficientes.

*A/ PROBLEMAS:*

1. Audición: en estos niños una pérdida insignificante en decibelios en la audiometría tonal representa mucha más sordera que en un niño sin lesión cerebral. La detección y valoración de una hipoacusia no es tarea fácil. El diagnóstico precoz permite realizar una estimulación auditiva, que puede mejorar la audición, evitar la estructuración de una agnosia auditiva y las consecuencias que tiene ésta en la organización del lenguaje.

2. Respiración: ésta exige un control excelente de las contracciones cinéticas y posturales de los músculos interesados, y en primer lugar del diafragma. El niño con parálisis cerebral tiene perturbado de distintas maneras ese control y así son frecuentes los trastornos respiratorios. En ocasiones, hay incongruencias entre la respiración y el movimiento laríngeo o entre el ataque vocal y la articulación fonética. El inicio de la emisión sonora se presenta con un cierto retraso, además de una cierta imposibilidad de prolongar la emisión.

3. Habla: las disartías (imperfecta articulación de las palabras, consistente en la dificultad de formar las sílabas, como acontece en el balbuceo y tartamudeo) son muy frecuentes. Los trastornos de la palabra son muy variados y no hay un lenguaje característico del paralítico cerebral. Se pueden observar defectos en la articulación de fonemas aislados, de palabras, o en el ritmo, que puede ser a sacudidas, entrecortado, arrastrado y lento. La adquisición del lenguaje y la adquisición sintáctica de la frase pueden estar retardadas, de manera que a veces surge la duda de si se trata de una afasia. En cuanto a la expresión del lenguaje, en ocasiones lo difícil es saber si se trata de un trastorno motor que impide la fonación y la articulación, de una afasia motora o de una inhibición afectiva o emotiva.

Los síntomas que puede presentar un niño con P.C. son:

- Escape de saliva que dificulta la articulación.
- La deformación de la cara y de la boca es también habitual ya que la forma de los maxilares dependen en alto grado de las presiones musculares que sufren.
- Trastornos motores corporales.

*B/ VALORACIÓN DEL LENGUAJE:*

Para valorar el lenguaje de un niño con P.C. debemos de centrarnos en la valoración de los aspectos motrices del lenguaje, empezando por los movimientos específicos del habla y debemos seguir la trayectoria propuesta por **Bobath** y distinguir cuatro niveles:

1. Valoración de la capacidad para mover las partes del cuerpo asociadas con la fonación y el tono muscular.
2. Valoración de las actividades vegetativas, de respiración, risa, deglución, etc.
3. Valoración de los movimientos de los órganos asociados con la locución.
4. Valoración de la capacidad para vocalizar y hablar.

También se tendrá en cuenta todas las áreas del lenguaje así como la velocidad y fluidez.

*C/ TRATAMIENTO:*

Se debe aplicar lo más precozmente posible. Si la parálisis se descubre antes de la aparición normal del lenguaje, los padres son los que desempeñan un papel fundamental en la estimulación del mismo. Deben sonreír, hablar al bebé y mostrar entusiasmo ante la menor manifestación fonatoria que él presente. Las cosas deben ser denominadas claramente y las frases serán cortas pero correctas. El tratamiento debe ser global, incidiendo en todos los aspectos deficitarios que son básicos para la actividad lingüística propiamente dicha. La colaboración de la familia, como ya mencionamos, es fundamental a lo largo de todo el proceso pues muchos de los aspectos del tratamiento deben tratarse en casa, como por ejemplo la alimentación o el balbuceo. Esto se debe a que el hogar constituye el primer sitio donde debemos intentar la generalización de lo aprendido durante la sesión de rehabilitación. También debemos tener en cuenta los límites del tratamiento en cada caso y respetar los centros de interés.

En cuanto a los aspectos metodológicos del tratamiento hay que mencionar lo siguiente:

- Seguir las pautas del desarrollo normal.
- Facilitación del desarrollo neuromuscular.
- Inhibición de los patrones anormales de movimiento, facilitación del movimiento normal.
- Criterios diferenciales que deben tenerse en cuenta: el tono muscular, la parte del cuerpo más afectada, grado de afectación, etc.

c.1. <u>Tratamiento de la alimentación</u>:

Los aspectos relacionados con la alimentación se trabajan desde el primer mes de la vida del niño, y los apartados principales son:

- Posición del niño:
  - Sobre la madre.

- En el plano inclinado.
- En la silla triangular.
- Es una trona.
- Sobre un rulo.

- Tipo de instrumento que utiliza la madre en la comida.
- Velocidad con la que le da de comer.
- Preparación de la zona oral antes de las comidas.
- Control bucal, si procede.

c.2. Tratamiento de masticación y degullición:

Siempre que sea posible se harán ejercicios se succión, deglución y masticación con el fin de preparar la musculatura fonatoria.

c.3. Tratamiento de relajación:

Tiene gran importancia ya que facilita una situación basal para que el niño pueda controlar mejor su actitud fonatoria. Se debe procurar un ambiente agradable y libre de tensión para el niño.

c.4. Tratamiento de facilitación del balbuceo:

Se trata de aprovechar situaciones placenteras y consiste en que el niño permanezca en una posición correcta y con un estímulo agradable, como por ejemplo la presencia de alguien de la familia o juguetes que capten su atención. Se debe favorecer el contacto ocular y favorecer las emisiones verbales con él, teniendo en cuenta que a lo largo del día hay momentos más propicios, lo cual debe aprovecharse. Se tratará de reforzar todos los sonidos que el niño diga, imitándole y sonriéndole.

Por otro lado no se puede ignorar que el movimiento normal favorece la aparición de estos sonidos, por ello intentaremos que el niño voltee, juegue con los objetos, etc. Todo esto nos llevará a un tono muscular general más favorable a la emisión de sonidos.

c.5. Tratamiento de facilitación postural:

El objetivo de estos ejercicios es conseguir una postura lo más parecida posible a la posición normal adecuada, que favorece la emisión vocal del paciente tanto si está sentado o de pie como andando. Los diferentes métodos son:

- Favorecer el movimiento normal.
- Favorecer el tono muscular normal.
- Favorecer los movimientos del sistema fono articulatorio.

Y se llevarán a cabo con los siguientes ejercicios:

- Movilizaciones pasivas del paciente.
- Ejercicios de rotación y de movilizaciones pasivas para relajarlos.
- Ejercicios para evitar que se fijen en una postura determinada.
- Ejercicios de contracción de tappig en los atetósicos para normalizar el tono.
- Ejercicios sobre los músculos de la nuca y el cuello para relajar la cabeza y luego el maxilar inferior.

c.6. Tratamiento de las Praxias bucolinguales:

El primer trabajo correspondiente a las praxias de la zona oral se desarrolla por el tratamiento preparatorio a la alimentación, el tratamiento de la alimentación y favoreciendo el balbuceo.

Dentro de la sesión las praxias se trabajan junto con el control motor general antes de empezar el trabajo articulatorio. Como caso previo a las praxias, debemos tener en cuenta los ejercicios de facilitación postural y los que influyen en el tono muscular de la zona oral.

c.7. Tratamiento de la articulación:

Al principio se puede aprovechar el lenguaje no verbal como medio expresivo, pero sólo como introducción del lenguaje hablado. Los movimientos articulatorios deben hacerse primero aislados y luego coordinados, empezando por los fonemas sonoros y por sílabas inversas que son las más fáciles, ya que el aprendizaje de la palabra debe seguir las etapas fisiológicas. Cuando el niño articule los fonemas empezaremos la enseñanza de sílabas con sentido o palabras monosilábicas. Para los movimientos de los órganos de articulación, se obliga al niño a cerrar la boca para que respire por la nariz y como preparación para la articulación de los fonemas bilabiales. Se deben trabajar previamente durante un tiempo los músculos, antes de enseñar la articulación. Hay que tener en cuenta que el niño va a tener más interés en articular palabras que sílabas aisladas, y cuando le enseñemos palabras el objeto designado debe estar presente y visible para él.

c.8. Tratamiento de respiración:

El control de la respiración es el primer aspecto a trabajar y se llevará a cabo por vía indirecta: apagar velas de distintos tamaños y en distintas distancias, soplar con pitos y trompetas adecuados, soplar plumas, molinillos de viento, hacer inspiración nasal, hacer pompas de jabón, respirar rápido, hinchar las mejillas para retener aire, etc.

c.9. Tratamiento de fonación:

La posición más adecuada para iniciar la emisión de sonidos es el decúbito supino. El laleo se puede provocar haciendo vibrar el tórax con la mano extendida para provocar vocalizaciones; después de un tiempo ésta se produce de forma espontánea.

Esta técnica facilita los procesos respiratoios-fonatorios. Los sonidos de llorar, reír o gritar pueden ser provocados como base para la producción de sonidos para hablar.

c.10. Tratamiento de audición:

Consiste en la discriminación auditiva si el niño tiene hipoacusia.

*D/ TRASTORNOS MOTORES EN EL ÁREA ORO-LINGUO-FACIAL:*

Los trastornos de la movilidad bucal pueden apreciarse en el niño con parálisis cerebral antes de que se instaure la función del habla. Entre ellas nos encontramos con:

d.1. Malformaciones congénitas:

- Labio leporino.
- Fisura palatina.

- Insuficiencia velar.
- Malformaciones de paladar duro.
- Hipertrofia de amígdalas.
- Hipertrofia de úvula.
- Estrechamiento de cavidad faríngea.
- Malformaciones de lengua.
- Lengua hipertónica.
- Imposibilidad de movimientos de lateralización y elevación de la punta.

d.2. Reflejos orales:

Su importancia radica en el hecho de que, junto con la alimentación, van a constituir un conjunto de movimientos que preparan los que luego deberán realizar al hablar. Son los siguientes:

- Reflejo de succión.
- Reflejo de nausea.
- Reflejo de mordida.
- Reflejo de deglución.
- Masticación.
- Control del babeo.
- Sensibilidad facial.

d.3.Respiración y voz.

*E/HABLA Y SISTEMAS AUMENTATIVOS/ALTERNATIVOS DE COMUNICACIÓN:*

Una definición clara de lo que es un sistema aumentativo o alternativo de comunicación es la que propone Tamarit(1988) cuando dice de ellos que son : "un conjunto estructurado de códigos no vocales, necesitados o no de soporte físico, los cuales, mediante procedimientos específicos de instrucción, sirven para llevar a cabo actos de comunicación (funcional, espontánea y generalizable) por sí sólos, o en conjugación con códigos vocales, o como apoyo parcial a los mismos".

e.1. <u>Sistema **bliss**</u>:

Los símbolos que componen este sistema están separados en seis categorías que son:

- Personas.
- Verbos.
- Nombres.
- Descriptivos.
- Sociales.
- Misceláneos.

Cada una de ellas se presenta en un color determinado para facilitar su organización. Estos símbolos, dependiendo del parecido gráfico con su referente real pueden dividirse en pictográficos, ideográficos, arbitrarios y compuestos. Su significado puede variar según sea su tamaño, posición, orientación, referencias, etc.

Uno de los requisitos que se pide para poder llevar a cabo este sistema es el que el niño tenga buena discriminación visual y las habilidades cognitivas básicas para iniciar la comunicación con otros.

Una de las ventajas es la de contener símbolos para artículos, preposiciones, tiempos verbales, etc. Lo que lo convierte en un sistema de comunicación completo, a través del cual sus usuarios pueden utilizar una estructura lingüística similar a la oral.

## **8.** INTERVENCIÓN EDUCATIVA EN LOS NIÑOS CON PARÁLISIS CEREBRAL:

### *A/ INTERVENCIÓN EN REHABILITACIÓN:*

Fundamentalmente, en estos niños se da un retraso motor, los reflejos infantiles y otros considerados como patológicos permanecen aún después de mucho tiempo sin integrarse al sistema nervioso. El tratamiento fisioterapéutico de estos reflejos ha centrado la atención de la mayoría de las escuelas que se han dedicado al estudio del P.C. Su objetivo es la rehabilitación pero ha faltado un enfoque global centrado en la educación de estos niños, que partiera desde el propio campo educativo.

*B/ INTERVENCIÓN EDUCATIVA:*

Pocos son los estudios que se han dedicado específicamente a la intervención educativa. Si partimos de que el P.C. es una manifestación que se manifiesta por la dificultad en la inhibición de los reflejos innatos y que dificulta el desarrollo normal humano, poco le queda a la pedagogía sino apoyarse en la fisioterapia para ayudar a estos niños. Pero si partimos de que el niño cuando nace posee unos patrones de base que pueden ser educados mediante la regulación mediacional del mundo adulto, el punto de vista puede variar enormemente.

Los niños con P.C. estimulados de manera conveniente son capaces de compensar tales déficit. No se trata de que gracias a la estimulación se produzcan cambios estructurales en el cerebro, sino que más bien de que se produzcan modificaciones en las relaciones entre los sistemas funcionales que les ayuden a desarrollarse a pesar de su deficiencia original, sintiéndose útiles y aumentando su autoestima y grado de motivación.

El punto del que debe partir toda intervención es el conocimiento exacto del estado del niño para apostarle los recursos mediacionales que él mismo requiera. En la intervención educativa con estos niños hay que tener en cuenta:

1. **Información sobre la historia personal del niño:**
   - Historia clínica: en donde se recojan los datos relevantes para la intervención con el niño.
   - Historia educativa: datos sobre la escolarización anterior.
   - Historia terapéutica: qué provisión de servicios ha tenido y tiene fuera de la escuela.

2. **Información sobre el desarrollo general del niño:**
   - Edad del niño.
   - Nivel cognitivo.

3. **Información sobre el entorno familiar y social del niño.**

4. **valoración de la motivación del niño y el profesor.**

5. **determinación de las necesidades educativas especiales.**

6. **ideas constructivas y sentido de cooperación del equipo profesional.**

*C/ DESARROLLO PSICOLÓGICO Y EDUCACIÓN EN EL NIÑO CON P.C.:*

1. **Estudios sobre inteligencia y procesos cognitivos:**

Desde hace bastante tiempo se han realizado estudios que tratan de estimar la relación existente entre el nivel de inteligencia y la afectación física que supone el P.C.

2. **Estudios sobre el desarrollo cognitivo:**

Una parte muy importante de las teorías del desarrollo enfatizan el papel de la actividad motora en las primeras etapas del desarrollo como uno de los factores principales para la construcción de la inteligencia. Ello no ha levado a la realización de algunos trabajos que estudian el posible efecto de la afectación motora sobre el desarrollo cognitivo.

3. **Hipótesis sobre cómo se produce el proceso de desarrollo psicológico en Lo niños con P.C. y algunas propuestas sobre su educación:**

El P.C. no es una enfermedad claramente definida, se trata de un síndrome que incluye niveles de afectación muy diversos. Por ello no puede tratarse a las personas que la sufren como un grupo homogéneo ni ofrecer una imagen unitaria de su proceso de desarrollo. Las cuestiones de mayor interés son el grado de afectación en las capacidades motrices, las nuevas tecnologías de la información y la presencia o ausencia del habla manifiesta.

*D/ ESTIMULACIÓN MULTISENSIORIAL EN LOS NIÑOS CON P.C.:*

En el caso de que el niño aún no esté suficientemente estimulado para prestar atención a los objetos que se le presentan es conveniente realizar con él actividades con un enfoque multisensorial que vayan encaminadas a centrar la atención del niño mediante estimulaciones visuales, auditivas, táctiles, gustativas, etc.

Para que el niño consiga una buena interacción con el entorno, es preciso que esté colocado en una postura adecuada, según las posibilidades y necesidades motoras. Aquí es muy importante solicitar ayuda y orientación del fisioterapeuta que trabaja con él para que indique la postura más idónea y los materiales más adecuados en cada caso).

Algunos de estos niños muestran reacciones de autodefensa o rechazo cuando se les va a tocar, para disminuir su defensividad hay que empezar con actividades en las que el niño se toque a sí mismo directamente o con nuestra ayuda.

Para favorecer la atención visual y táctil serían aceptados los mismos juegos que se le plantean en cualquier otro bebé, acompañados de los comentarios que el adulto suele hacer cuando juega con él y apoyando sus acciones con objetos para favorecer la estimulación del niño y despertar su interés por los objetos.

*E/ CARACTERÍSTICAS DEL DESARROLLO:*

e.1 Desarrollo cognitivo:

La importancia del contexto social en el desarrollo de las capacidades de atención, memoria y solución de problemas ha sido muestra de manifiesto por muy diversos autores dentro de la psicología occidental.

Para entender completamente el proceso del desarrollo es necesario entender cuáles son los procesos de aprendizaje de los que dispone el individuo y cómo la cultura se sirve de ellos para empujar la construcción del sujeto.

e.2. Procesos de aprendizaje:

El mecanismo de aprendizaje más simple es la habituación y consiste en la inhibición de la atención a un estímulo que aparece de forma repetida. La habituación juega un papel importante en el desarrollo de la atención y de la memoria, es el mecanismo básico a partir del cual se empezarán a construir esos procesos cognitivos. Otro mecanismo para aprender es la observación o imitación de modelos.

e.3. Evaluación del centro educativo:

En cuanto a la evaluación del paralítico cerebral en el contexto educativo del aula, se ha resaltado la importancia de la evaluación de la competencia curricular, de los procesos instructivos que ocurren en el aula, de la organización y coordinación de los elementos materiales y personales y en general de aquellos procedimientos que, centrados en las potencialidades del niño nos lleva a optimizar la respuesta educativa.

*F/ LAS NUEVAS TECNOLOGÍAS COMO AYUDA A LA COMUNICACIÓN: EL ORDENADOR EN EL PROCESO EDUCATIVO.*

Es extremadamente difícil evaluar simples habilidades cognitivas de un individuo que tiene poco o ningún medio de comunicación. Este hecho debe tenerse en cuenta porque puede influir sobre los resultados de una determinada tarea.

La ventaja que supone el uso del ordenador en este campo es la de permitir que las personas con trastornos de la comunicación y discapacidad física puedan ser evaluadas, ya que de otra manera sería imposible. Hay diversos programas para el ordenador que se clasifican de la siguiente manera:

- Programas de aprendizaje estructurado: presentan los contenidos secuenciales de forma precisa y ordenada, por lo que constituyen una herramienta útil y cómoda de utilizar.

- Programas de simulación y aventuras: sitúan al sujeto en un contexto de juego en el que la toma de decisiones juega un papel primordial para la resolución satisfactoria de las tareas.
- Programas abiertos: son herramientas que permiten al profesor o al alumno determinar qué es lo que van a hacer. Consiste en esqueletos de programas que han de llenarse de contenido.

El lenguaje **Logo** permite la exploración de las habilidades espaciales, se le puede considerar también una modalidad de programa abierto en el sentido de que constituye una herramienta flexible, versátil y que se adapta al nivel de cada alumno. Una particularidad del logo es la sencillez del manejo ya que desde el primer momento el niño es capaz de crear sus propios procedimientos y permite a cada alumno avanzar a su propio ritmo. Es un lenguaje a la medida de los usuarios cuya estructura y peculiaridad le convierte en una herramienta muy adecuada para el trabajo con alumnos con P.C. Los estudios llevados a cabo con distintos sujetos muy afectados motóricamente, demuestran que Logo puede favorecer el descubrimiento de habilidades ocultas y capacidades desconocidas en el sujeto, al proporcionarles una herramienta con la que expresarse.

Antes de optar por la utilización de un programa, es conveniente ver el mayor número posible de ellos, estudiarlos detenidamente, pensar en la situación del aula y del alumno que podría beneficiarse de su uso.

Es muy importante que haya una concordancia entre el enfoque de aprendizaje del niño, los materiales y el estilo de enseñanza del profesor que utilizará las posibles y diferentes estrategias de enseñanza-aprendizaje que son las siguientes:

- Aprendizaje paso a paso: preferencia por hechos y por tareas presentadas de una forma altamente estructurada.
- Aprendizaje holístico: se tiende a una comprensión personalizada y a una visión panorámica del tema.

- Aprendizaje versátil: describe un estilo donde el estudiante es capaz de moverse entre el aprendizaje holístico y el aprendizaje estructurado, dependiendo de la naturaleza de cada tarea.
- Aprendizaje superficial y profundo: enfatiza la importancia de la intencionalidad del estudiante.

Asimismo, la prioridad para el profesor es estructurar el entorno para acomodar al niño y animarlo a la participación activa.

## BIBLIOGRAFÍA:


- Arcotirado (coord.): *"Necesidades educativas especiales"*. Aravaca (Madrid); Ed. McGraw-Hill. (2004).
- Baron-Cohen y Bolton Patrick: "*Autismo. Una guía para padres".* Ed. Alianza. (1998).
- Bautista Jiménez: "*Necesidades educativas especiales*". Málaga: Ediciones Afibe (1993).
- Cuxart.F. (2000): "*El autismo*". Ed. Aljibe (2000).
- Garrido Landivar, J.: "*Programación de actividades para Educación Especial*". Colección Educación Especial. 28.
- Haddon, Mark: "*El curioso incidente del perro a medianoche*". Ed. Salamandra. 2º edición (2005).
- Lozano, Mª Teresa y Varios: "*Hacia el habla. Análisis de una trayectoria seguida por un niño autista en una Escuela Infantil".* Ed. Aljibe (2002).
- González, Eugenio, "*Necesidades Educativas Especiales".* Editorial CCS 1996.
- Lou Royo M. A. y López Urquízar N. "*Bases Psicopedagógicas de la Educación Especial".* Ediciones Pirámide, Madrid 2001.
- Varios, "*Deficiencia Visual, Aspectos Psicoevolutivos y Educativos".* Ediciones Aljibe 1994.

- “*Enciclopedia temática de la educación especial”.* Ediciones CEPE, 1986.
- “*Necesidades educativas especiales. Manual teórico.práctico*”, Rafael Bautista Jiménez y otros. Ediciones Alfibe, 1990.
- *“Necesidades educativas especiales”*, Semperio González. Ediciones C.C.S., 1995.
- *“Desarrollo psicológico III. Necesidades educativas especiales y aprendizaje escolar”*, Manchasi, Coll, Palacios. Ediciones Alianza, 1993.
- *“Terminología temática da educación especial”*. Ediciones CEPE, 1985. Tomo 2.
- *“Terminología temática de educación especial”*, Ediciones CEPE, 1985. tomo 3.
- *“Manual da educación especial”*, Dr. Juan Mayor, ediciones Anaya, 1988.
- “*Las minusvalías*”, Mario Alfonso Sanjuán y Pilar Ibáñez. Universidad a distancia, 1990.
- *“Niños y niñas con parálisis cerebral”,*A. García Prieto. Serie educación especial. Ediciones Narcea, S.A. de ediciones, Madrid, 1999.

www.ingramcontent.com/pod-product-compliance
Ingram Content Group UK Ltd.
Pitfield, Milton Keynes, MK11 3LW, UK
UKHW050614260726
13967UKWH00008B/2855

9 781409 203643